*Dominique
Nour-Margeault*

LE MODELAGE

Première Approche

dessain et tolra

Je dédie ce livre à Jean Guéret,
qui a été mon guide spirituel
tout au long de cet ouvrage.

Dans la même collection :
— *Le moulage première approche* de Dominique Nour-Margeault

Chez le même éditeur :
— *La sculpture en Acier* de Philippe Clérin
— *La sculpture, toutes les techniques* de Philippe Clérin
— *La sculpture : méthodes et matériaux nouveaux* de Pascal Rosier
— *Le moulage* de Pascal Rosier

Conception couverture :
Pierre Léotard

Les photos ont été réalisées par
Hafid Nour et Dominique Nour-Margeault
© 1992 Dessain et Tolra, Paris
Dépôt légal : juin 1992
Réimpression : dépôt légal : mai 1994
Imprimé en Italie par la GEP, Crémone
ISBN 2-249-27984-5

« Toute représentation ou reproduction, intégrale ou partielle, faite sans le consentement de l'auteur, ou de ses ayants-droit ou ayants-cause, est illicite (loi du 11 mars 1957, alinéa 1er de l'article 40). Cette représentation ou reproduction, par quelque procédé que ce soit, constituerait une contrefaçon sanctionnée par les articles 425 et suivants du Code pénal. La loi du 11 mars 1957 n'autorise, aux termes des alinéas 2 et 3 de l'article 41, que les copies ou reproductions strictement réservées à l'usage privé du copiste et non destinées à une utilisation collective d'une part, et, d'autre part, que les analyses et les courtes citations dans un but d'exemple et d'illustration. »

Sommaire

Avant-propos 5
Introduction 7
Pourquoi sculpter ? 8
Définition du modelage 12

La terre :
    son traitement 15
    sa conservation 18
    la terre crue 20
    la terre cuite 22
    le séchage 25

Les patines 26
Les outils 27
Les armatures 30
Espace de travail 33

Des idées 34
    Idée 1 : empreintes 35
    Idée 2 : impressions 39
    Idée 3 : paysage en bas-relief 42
    Idée 4 : visage 45
    Idée 5 : buste 50
    Idée 6 : personnage debout 53
    Idée 7 : personnage assis 54
    Idée 8 : personnage couché 56
    Idée 9 : la main 59
    Idée 10 : le pied 61
    Idée 11 : le cheval 63
    Idée 12 : le crocodile 66

Modelage direct 67
Approche du moulage 70
Lexique 78

Avant-propos

Personnage assis.
Ciment.
15 cm

    Ce livre est le fruit d'une expérience vécue au sein d'un atelier de sculpture, creuset où tous les élèves sont venus chercher une initiation et un perfectionnement en modelage et en sculpture.
    De quatre à quatre-vingt-six ans, ils ont tous contribué à faire naître une émulation stimulante, fruit d'une étroite collaboration autour d'un bloc de terre dont ils ont su tirer le meilleur.
    Chaque matin, nous avons refait le monde, extériorisant nos émotions, leur donnant corps, grâce à cette glaise que nous pétrissons avec délice, lui confiant nos angoisses et notre enthousiasme fébrile.
    Choisir la sculpture, c'est choisir la vie.

    Laissez-vous donc guider dans cette aventure où je vais essayer de diriger vos premiers pas...

    Le but de cet ouvrage sera de vous faire connaître les principes fondamentaux d'une technique très particulière. Du modelage au moulage, de la terre à un matériau durable et définitif, la démarche reste la même et fera en sorte que la sculpture soit à la portée de tous.

    Pour cela, j'utiliserai des explications claires et simples. Astuces et conseils, au fil des pages, faciliteront votre tâche.
    A l'appui, vous sont offerts des supports photographiques, ainsi que quelques croquis et dessins conçus spécialement pour une lecture facile et compréhensible de l'ensemble du livre.

    Après un aperçu historique, vous prendrez connaissance des outils et des matériaux nécessaires pour débuter. Avant d'arriver à un travail plus élaboré, je proposerai quelques idées faciles à réaliser, présentant surtout l'avantage d'être modifiables au gré de votre inspiration et de votre interprétation personnelles.

    Dans chaque cas, mon objectif sera de permettre à chacun de ressentir les multiples satisfactions du modelage, qui offre un merveilleux éventail de possibilités créatrices.

    Et vous aurez ainsi surtout le loisir de laisser libre cours à votre imagination...

Introduction

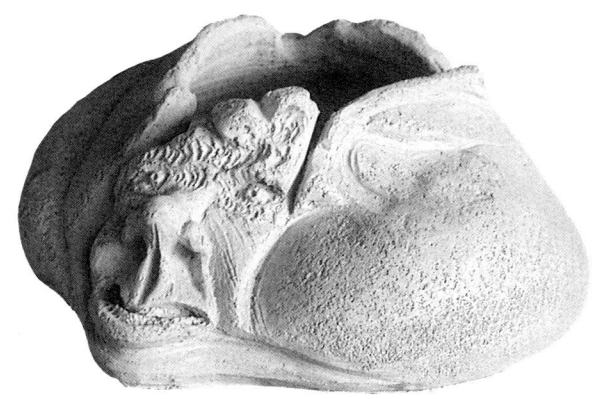

Terre cuite.

La sculpture est un moyen d'expression plastique où l'auteur cherche à construire des volumes, des formes dans un ordre donné, au moyen de matériaux divers, dans un espace défini.

Tridimensionnelle, la sculpture a d'abord traité de sujets multiples (hommes, dieux, idoles, animaux, etc.) devenant les témoins du temps passé.

Mais, aujourd'hui, le sculpteur est aussi le constructeur de formes géométriques, abstraites, faisant de la sculpture un art révolutionnaire. Il donne sa vision personnelle, s'éloignant de la réalité pour trouver de nouveaux objectifs basés sur l'imagination, l'invisible, l'irréel.

Dans tous les cas, l'œuvre est le produit d'un homme qui vécut à une époque précise dans l'histoire de l'humanité, avec ses mœurs propres, dans un lieu déterminé.

L'artiste porte donc en lui-même une image significative et expressive, qu'on peut appeler idée, à laquelle il doit donner une forme plastique.

C'est un créateur, quelle que soit la technique (c'est-à-dire la façon de faire), le support (donc les matériaux) ou les dimensions.

L'artiste crée pour lui-même avant tout, mais son œuvre ne trouve sa véritable consécration qu'à travers le regard d'un public, qu'il doit convaincre et dont il lui faut l'approbation. D'où la nécessité de montrer son travail, son évolution à travers les expositions dans les galeries et les salons.

Non seulement la sculpture sollicite la vue, mais aussi le toucher (le Pont-Neuf de Christo), l'ouïe (les mécaniques branlantes aux rouages grinçants de Jean Tinguely). C'est au spectateur de lui donner sa finalité, en tournant autour d'elle lentement, en la caressant, et en la fouillant du regard comme pour mieux la prendre.

Cette participation est absolument essentielle pour parachever le travail de l'artiste, qui trouve là son ultime récompense, jusqu'à « éveiller l'instinct de possession du spectateur », faisait remarquer le peintre Henri Matisse.

Vénus.
Résine chargée en cuivre.
70 × 25 cm

Pourquoi sculpter ?

A cette question répond un besoin que chacun doit s'efforcer d'analyser.

Tout d'abord, on peut dire que le sculpteur n'est ni plus ni moins qu'un ouvrier qui, devant un matériau informe et à l'état brut au départ, doit chercher et trouver un ordre pour arriver à une réalisation aboutie et achevée. C'est une fin en soi. Car quelle que soit la discipline choisie, l'être humain trouve sa véritable raison d'être dans l'acte de créer.

De sa lutte avec les matériaux, de sa lutte avec ses émotions qu'il va transmettre dans son travail, résulte un moment vécu avec l'œuvre elle-même qui va magnifier et purifier son créateur.

Je ne pense pas qu'il y ait une « recette » pour pouvoir sculpter, et personne ne peut enseigner la création elle-même.

Par contre, on peut apprendre les mécanismes de la sculpture, suivre les différentes étapes de ses techniques, qui servent à construire les bases solides de cette forme d'expression.

Pour qu'il y ait création, il faut qu'il y ait une idée dans l'esprit de l'artiste. Cette idée est une image qui réagit aux impulsions de notre imagination, ou aux variations de notre perception visuelle.

Personnage endormi.
Composite.
15 cm

Sculpture réalisée d'après la pose du modèle.
Plâtre. 70×50×40 cm

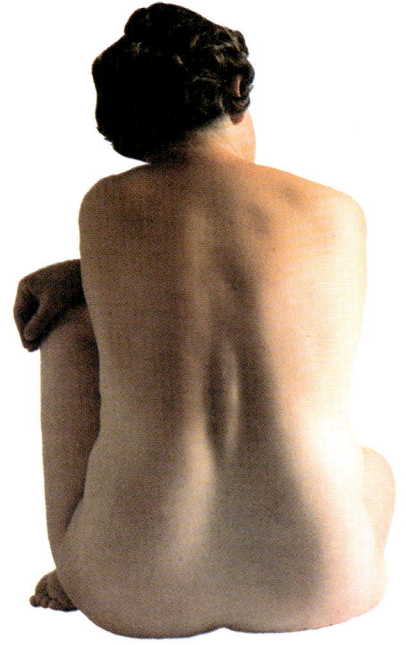

    Et là, commence tout un travail préparatoire très important, de conception et de recherche, que le sujet soit purement imaginaire ou emprunté à la nature.

    Bien sûr, l'amateur sera tenté de laisser ses mains travailler la terre au hasard, sans but précis. Mais il sera vite désorienté, car que peuvent faire les doigts, si l'esprit est endormi ?

    Je pense qu'en dégageant les prémices d'une idée, même à peine perceptible, on a déjà le premier maillon de la chaîne, et c'est ce long chemin de l'accomplissement qu'il nous faut parcourir.

    Le processus n'est pas compliqué. Il suffit de le connaître, mais aussi de se connaître.

    L'artiste se réalise par son travail. Créer une œuvre, c'est chaque fois partir à l'aventure — long voyage à l'intérieur de soi-même, parcours plein d'embûches où le sculpteur se cherche et se trouve.

    Montrez-vous tenace face aux moments de découragement, votre motivation n'en sera que renforcée.

    Le débutant peut commencer en se basant sur des œuvres existantes (très bon exercice qui accentuera sa sensibilité), ou bien en reproduisant des modèles vivants (quelques notions d'anatomie sont toujours les bienvenues), ou bien encore, en recherchant les sources de son inspiration dans un environnement qui lui est propre.

    Travaillant sur le déjà vu, sur le déjà fait, petit à petit, ces exercices aiguiseront son esprit d'analyse, pour l'orienter vers des tendances qui lui seront plus personnelles, plus proches de son imaginaire.

Sculpture réalisée d'après un croquis de recherche.
Composite béton. 8 cm

Dans un cas comme dans l'autre, ce travail d'élaboration de l'œuvre utilise plusieurs moyens : dessins, esquisses, croquis, ébauches, maquettes, etc.

Dès que vous avez saisi l'idée, jetez-la sur le papier, même si elle reste très confuse. Pour cela, je conseille de garder à portée de main, un petit carnet de croquis toujours disponible, une idée étant bien souvent imprévisible.

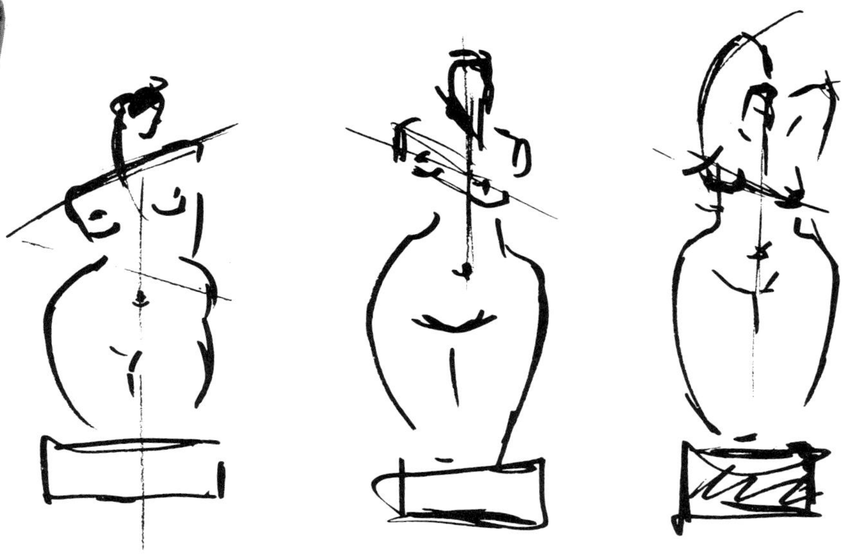

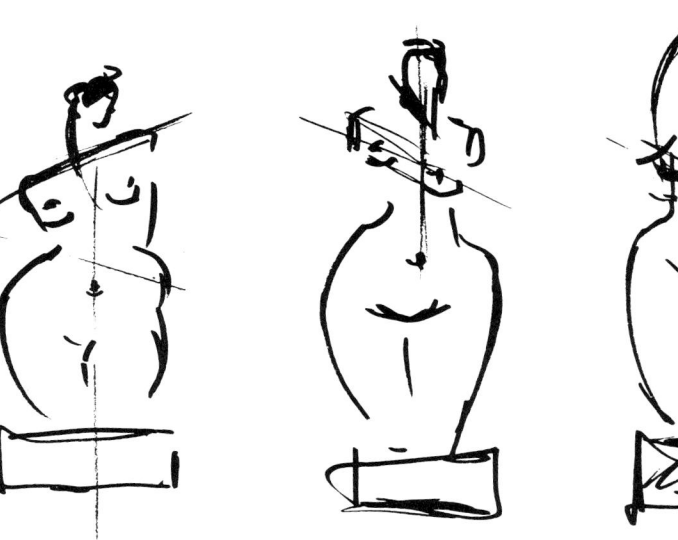

Mais une idée peut aussi se provoquer, ce qui nécessite de votre part un premier effort. L'inspiration, en effet, est guidée par ce qui nous entoure, nous émeut, nous inquiète, nous étonne. Soyez réceptif au monde extérieur, aux autres...

De votre degré de sensibilité dépendra cette émotion qu'il vous faudra mettre au jour, en la fixant sur le papier par quelques traits flous, puis de plus en plus précis, en éliminant et en rajoutant ensuite d'autres traits.

Cette progression amène la création.

Si le dessin est le préambule d'une sculpture, il n'est pas nécessaire d'avoir le souci du détail ; seule importe la forme générale avec ses directions et ses plans principaux.

Le dessin permet donc de fixer l'idée de base de votre futur travail en relief. C'est un excellent exercice d'échauffement, qui délie les doigts et l'esprit, et sert de préliminaires à la création d'une sculpture.

Créer, c'est se dépenser, et c'est cette dépense faite d'une lutte avec les matériaux, d'une part, et la recherche de soi-même, d'autre part, qui est notre récompense.

Définition du modelage

*Travail de la terre.
Recherche de modelé.*

Lili.
Plâtre. 40×18 cm

Le modelage est devenu un art à part entière dès que l'homme a su adopter les procédés de la terre cuite au four, d'une part, afin que les argiles modelées (une fois durcies) deviennent compactes et résistantes, et ceux du moulage, d'autre part, qui permet, à partir de son empreinte, la traduction fidèle d'une terre en matériau dur.

La technique se perfectionna jusqu'à nos jours, notamment avec la découverte de matériaux nouveaux, et bon nombre de sculpteurs ont su tirer parti des multiples avantages du modelage (Honoré Daumier, par exemple).

La terre, par son contact direct avec les mains, est un matériau vivant, développant chez l'artiste des sensations tactiles émotionnelles. Grâce à la spontanéité du toucher et à la docilité de la matière, on peut se permettre beaucoup de fantaisies et obtenir des résultats très satisfaisants.

Le modelage consiste à positionner et à accumuler progressivement la terre, sur un support composé d'armatures métalliques, en bois, ou en carton, qui consolident le travail. Cette terre peut s'ajouter ou s'enlever jusqu'à obtention de la forme voulue définitive.

Dans tous les cas, contrairement à la technique de la taille directe (sur bois ou sur pierre, par exemple), le travail se fait de l'intérieur vers l'extérieur, et les procédés que vous allez découvrir sont très divers.

Peu d'inconvénients donc pour le débutant qui, avec une connaissance minimale du modelage, arrivera à un résultat final très encourageant l'invitant à poursuivre dans cette voie.

Aujourd'hui, les sculpteurs se servent de matériaux plus élaborés et d'origines diverses, comme le plâtre, le stuc, le staff, le béton, le carton-pâte, le verre, la cire, la mie de pain, et les matières plastiques (polyester, résines époxy, etc.), dont la structure, la couleur et la matière permettent de varier les effets. Leur choix est donc primordial et se fait en fonction du résultat recherché.

La terre

LA TERRE :
son traitement

La terre glaise est la matière première la plus pratique à utiliser en modelage. Pratique, parce que très malléable, on en trouve différentes espèces dans le commerce : rouges, grises ou noires, spécifiques à la poterie ou au modelage.

Elle se vend sous forme de pains rectangulaires d'un poids de dix kilos en général. Un pain permet de réaliser deux sculptures de 20 cm environ, ou trois plus petites.

On trouve aussi cette terre en vente sur le lieu de son extraction, dans les carrières, où il vous sera facile de constituer un bon stock de réserve.

Page ci-contre :
Traces de doigts dans la terre. La terre, par son contact direct avec les mains, est un matériau vivant, développant chez l'artiste des sensations tactiles émotionnelles.

Pain de terre de 10 kg, recouvert d'un plastique, tel qu'on le trouve à l'achat.

Morceaux de terre coupés avec un fil de fer.

Terre argileuse colorée.

Carrière de terre noire.

Une centaine de kilos sont facilement transportables dans le coffre d'une voiture. Cette réserve vous permettra de démarrer des travaux de tailles beaucoup plus importantes. Et puis, il est dommage de laisser un travail en suspens, parce que vous avez simplement oublié de vous réapprovisionner en terre. Il est déjà assez ardu de mettre toute son énergie et sa concentration dans ces moments de créativité... Alors, mettez toutes les chances de votre côté, en étant prévoyant, organisé et méthodique !

L'extraction de la terre est, à elle seule, un spectacle fascinant, auquel j'ai eu l'occasion d'assister, maintes fois, à la carrière des Perches à St-Amand-en-Puisaye, dans la Nièvre (mais aussi à La Borne, village de potiers, dans le Cher).

La terre poyaudine, couverte de forêts, est très riche en argile, mais aussi en ocres, colorants exportés dans le monde entier.

A l'ère tertiaire, la Loire a déposé dans cette région du centre de la France, les alluvions du Massif central. Sous une couche de culture repose une couche d'argile noire, qui elle-même repose sur une fine couche de minerai de fer. En dessous, on trouve l'ocre qui repose sur une couche de sable ocré.

Plateaux entre lesquels s'égoutte la terre épurée.

L'argile noire est utilisée pour la poterie et le modelage. On extrait le minerai de fer et l'ocre, qui servent de colorants naturels. Quant au sable ocré, on l'utilise pour l'enduit des maisons.

L'extraction permet tout d'abord d'aérer l'argile qui, tassée dans la carrière, n'a pas d'oxygène. Pelleteuses et bennes s'activent ainsi pour constituer des stocks, sortes de montagnes de terre, qui se décompose et fermente.

En second lieu, la terre est mélangée avec de l'eau (50 % d'eau pour 50 % de terre) et délayée dans une turbine. A consistance d'une barbotine, elle est tamisée et filtrée. Les déchets (il y en a peu) sont rejetés.

Délivrée de toute impureté, et bien homogène, l'argile est maintenue en émulsion dans une cuve, qui aspire la barbotine pour la renvoyer sous pression dans des plateaux de fonte verticaux, coulissants, pressés les uns contre les autres, et séparés chacun par une toile filtrante. Ces toiles retiennent l'argile, tandis que l'eau très pure s'égoutte. On obtient ainsi des galettes d'argile propre et fine.

Les galettes sont introduites dans une machine appelée dégazeuse. Elles sont transformées en vermicelles ou « cheveux d'ange » dans une chambre qui absorbe l'air et « désaère » la terre. Cette opération est utilisée surtout pour le grès à porcelaine.

La terre est ensuite compressée, et ressort en fin de machine sous forme de pains rectangulaires prêts à l'emballage.

Selon la qualité recherchée et son utilisation, la terre peut subir d'autres transformations, et devenir une terre chamottée, fine ou grosse, avec des pourcentages de chamottes différents, qui renforcent sa résistance à la cuisson.

Galettes de terre propre.

LA TERRE : *sa conservation*

Poubelle où l'on entrepose la terre prête à être travaillée.

Terre concassée avec une masse. Le couvercle de la poubelle sert de réceptacle.

Cette terre dont vous disposez maintenant doit être entreposée chez vous dans un endroit frais, à l'abri de l'air qui en accélère le durcissement.

Au contact de vos doigts, la terre doit garder la même consistance. Trop dure, elle n'est pas malléable ; trop humide, elle colle aux doigts.

Pour que la terre garde toujours le même degré d'humidité, je vous conseille de la conserver dans une grande poubelle plastique de 100 litres environ, en prenant soin de bien refermer le couvercle après chaque utilisation, pour la maintenir à l'abri de l'air. Par précaution, je couche un plastique sur la terre. On observe très rapidement la formation de gouttelettes d'eau qui restent en permanence. Pour de petites quantités de terre, on peut utiliser une ou deux bassines en plastique.

Il peut arriver que votre modelage sèche, et que la terre, trop dure, ne puisse plus être retouchée, soit parce que vous avez manqué de temps pour la travailler — et les temps d'interruption ont été très longs —, soit parce que vous avez oublié de protéger votre travail.
Disposez alors d'une seconde poubelle de même taille, qui sera destinée à recevoir les morceaux de terre durs, inutilisables pour l'instant.

Pour récupérer la terre sèche, vous la déposez au sol sur un grand plastique protecteur, et vous la brisez au marteau ou à la masse, afin de la réduire en morceaux. Quand vous jugez en avoir une bonne quantité, vous réhumidifiez la terre en ajoutant peu à peu de l'eau, de temps à autre. Laissez absorber et surveillez de près l'opération.

Si vous avez versé trop d'eau, laissez-la s'évaporer en ôtant le couvercle. De toute façon, vous apprendrez très vite à connaître ce matériau généreux.

Vous aurez donc toujours près de vous, une poubelle de terre sèche et une de terre dure. Veillez à ne pas mélanger les deux qualités.

Débarrassez-la aussi de tous les gravats (bois, plâtre, clous, etc.) qui gênent et peuvent blesser. N'oublions pas en effet, que lorsque vous moulerez vos épreuves, vous récupérerez cette terre où des déchets auront pu se glisser.

Autre impératif : protégez tous vos travaux en cours de modelage. Évitez de les laisser de longues heures à l'air libre sans protection, surtout en été.

Entre chaque séance de travail, enveloppez votre terre de plastiques très fins qui colleront sur toute la surface. En hiver, rajoutez un chiffon humide entre la terre et le plastique. Éventuellement, plantez une allumette au niveau des détails trop fins que le plastique risquerait d'abîmer en s'y collant.

Par précaution, j'ai recours à un plastique plus grand qui recouvre le tout. Celui-ci est ficelé à la base, ou bien je le bloque avec quelques outils.

Conseil

Les sacs poubelle en plastique ménager font très bien l'affaire. (Choisissez de préférence les noirs aux bleus.)

Avant de recouvrir ma terre, je l'asperge d'eau avec un vaporisateur, ou avec mes doigts (moins facile). La terre conservera toujours la consistance idéale, et sera prête pour être retravaillée à la prochaine séance.

Astuce

Je récupère les flacons des produits pour nettoyer les vitres, que je remplis d'eau toujours propre (afin d'éviter d'obstruer l'orifice) et j'en vaporise ma terre.

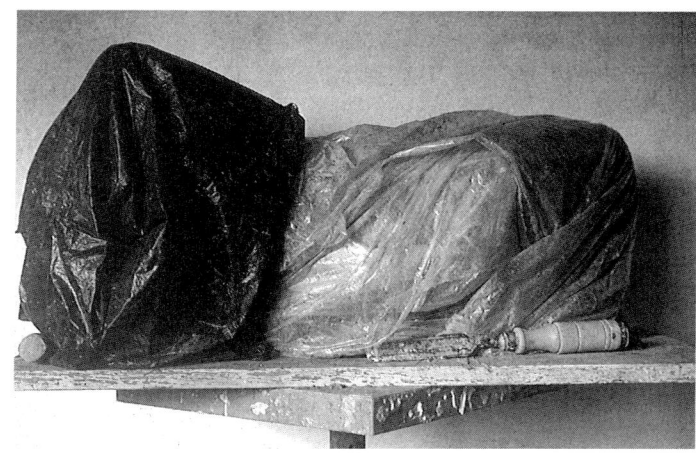

Le modelage est recouvert de plastiques, qui épousent au mieux sa forme. L'air ne doit pas y pénétrer.

On vaporise l'œuvre en cours de modelage, afin que la terre ne se dessèche pas.

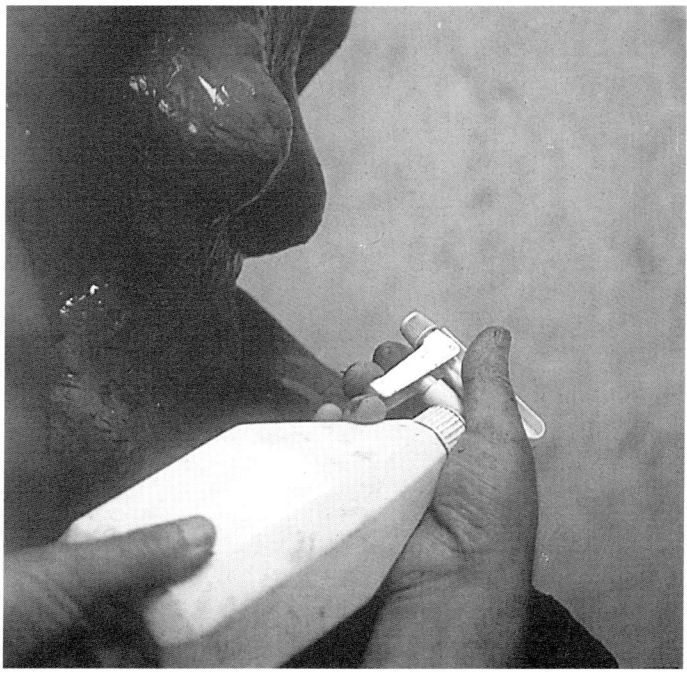

LA TERRE :
la terre crue

Terre sèche, que l'on enduit d'un vernis afin d'en protéger la surface. En même temps, on obtient une belle patine.

Très souvent le sculpteur réalise quelques maquettes en terre crue, de petite taille, destinées à être la base de travail d'une sculpture aux dimensions plus importantes, parfois monumentales.

Il est tout à fait possible de conserver les terres sèches et dures, mais en respectant certaines conditions.

Les pièces doivent être petites (25 à 30 cm maximum), massives, et sans armatures internes. En effet, une terre qui sèche avec des armatures, se rétracte au niveau des fers, se fendille, pour finalement se casser.

Quand la terre a complètement durci, je passe un revêtement protecteur sur toute sa surface.

Maquette en terre. 10 cm

Page ci-contre :
Sculpture réalisée d'après la maquette.
Résine, avec charge de fonte et grenaille.
110×35×90 cm

Pour cela, j'utilise de la gomme-laque, que l'on trouve dans les boutiques spécialisées en produits Beaux-Arts. Mais vous pouvez tout aussi bien utiliser un vernis quelconque (brillant ou mat), que vous badigeonnerez généreusement sur votre terre.

Faites des essais au préalable sur des morceaux de terre sèche. Ce vernis protégera la terre de la poussière et la rendra moins fragile, tout en lui donnant un aspect extérieur particulier, selon que vous aurez plus ou moins teinté ce vernis.

Il faudra quand même manipuler ces œuvres en terre sèche avec précaution. Un choc pouvant provoquer un éclat, il sera toujours temps d'intervenir en recollant la terre ou en la maquillant.
Et, bien sûr, ne pas laisser cette terre à l'extérieur... car, sous la pluie, elle reviendrait vite à son état naturel !

LA TERRE :
la terre cuite

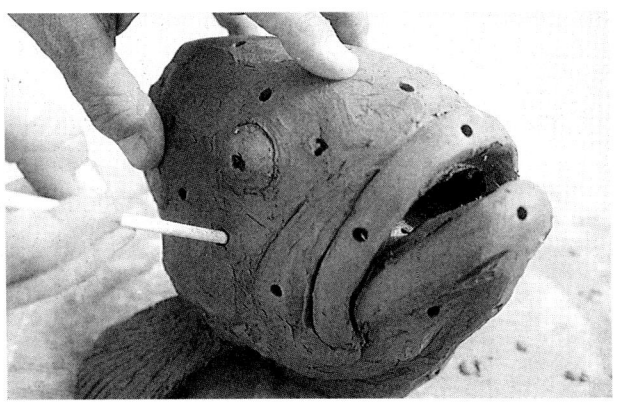

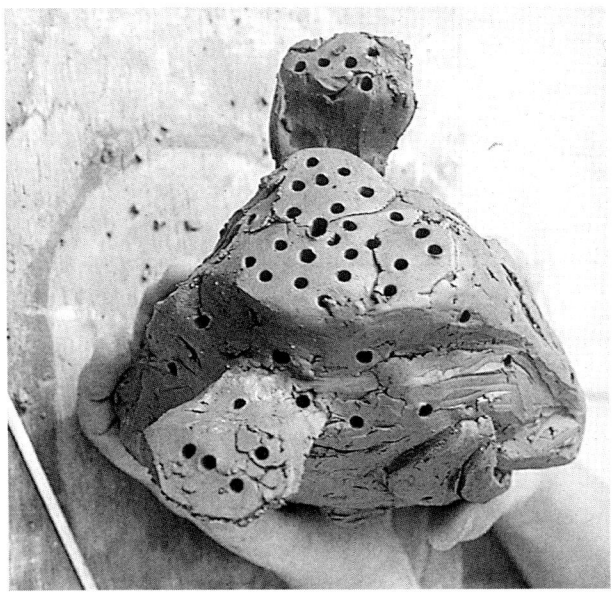

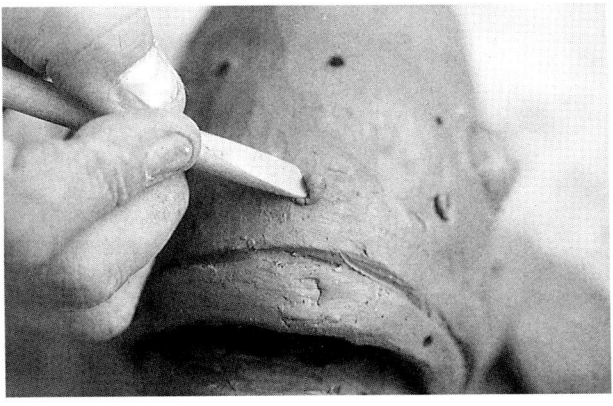

Bon nombre d'artistes choisissent la terre cuite comme réalisation définitive de leurs travaux.

La terre destinée à être cuite doit être propre et exempte de toute impureté. Le plan de travail doit être soigneusement lavé et essuyé, et les outils bien nettoyés. La moindre présence de gravats à l'intérieur de la terre provoquerait son éclatement à la cuisson.

La terre doit être travaillée de façon homogène, de manière à être exempte de toute bulle d'air qui ferait courir le même risque. La terre sera frappée et écrasée énergiquement en la laissant tomber lourdement sur la planche.

Pour parer à toute présence éventuelle d'une bulle d'air, il y a deux possibilités :

— vous pouvez creuser des évents à l'intérieur de la terre, quand la sculpture est terminée et assez durcie pour pouvoir la manipuler sans risque de l'abîmer. C'est-à-dire que vous transpercez la terre de part en part. Ces évents serviront de cheminées pour permettre l'évacuation des gaz à la cuisson. Les trous se camouflent en y écrasant un petit morceau de terre. Il n'y aura plus qu'à laisser sécher le sujet avant sa cuisson ;

— vous avez aussi la possibilité de couper la sculpture en deux et de l'évider.

Modelage d'un mérou en terre rouge, où l'on creuse de petits canaux à l'aide d'une fine tige métallique, pour permettre aux fumées de s'évacuer pendant la cuisson. On rebouche les trous avec une toute petite boulette de terre. Les canaux seront ainsi invisibles.

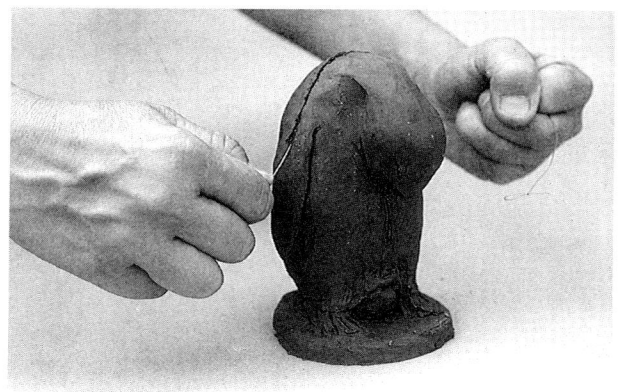

Il suffira ensuite de griffer tout le plan de joint (c'est-à-dire l'épaisseur de la terre) et de recoller les deux parties de la sculpture avec un peu de barbotine (c'est une boue très liquide).

Ce sont des procédés très souvent utilisés en poterie.

La terre doit avoir la consistance du cuir. En la creusant, gardez aux parois la même épaisseur. Le surplus de la barbotine, qui sert de colle, coulera à l'intérieur. Camouflez le plan de joint avec de la terre liquide.

LA TERRE :
le séchage

Œil de Caïn.
Résine.
40×25×15 cm

Le processus de séchage au cours duquel la terre perd peu à peu de son humidité, ne doit pas être négligé et demande à être entouré de certaines précautions.

Une terre crue ou cuite doit sécher très lentement, loin de toute source de chaleur et, en aucun cas, elle ne doit être exposée au soleil.

Un plastique recouvrant la pièce, mais permettant à l'air de circuler, ralentira le temps de séchage. On ôte ce plastique protecteur, quand la terre est dure.

Le délai de séchage dépend de la forme et de la taille de la sculpture. En principe, une petite pièce de 15 cm est sèche en deux semaines. Pour plus de sûreté, vous pouvez largement prolonger ce délai.

Surveillez ce temps de séchage. En effet, des craquelures peuvent apparaître et la terre se fendille. Dans ce cas, effectuez au plus vite les réparations avec de la terre fraîche, et bien avant que le modelage ne durcisse.

D'éventuelles moisissures brunâtres disparaîtront si vous brossez délicatement votre terre.

Dès que possible, décollez la terre durcie de la planche avec un fil de fer (genre fil à couper le beurre) et placez la pièce sur des tasseaux de bois. L'air circulera tout autour et la planche ne moisira pas.

En ce qui concerne la cuisson, confiez vos pièces à un artisan potier, qui les examinera. Proposez-lui une petite participation financière, si vous avez plusieurs sculptures à faire cuire. La poterie est un art dont il aimera vous montrer les mille attraits.

Vous pouvez avoir aussi recours aux organismes culturels, qui proposent de multiples activités. Ils ont tous, en principe, un secteur poterie qui dispose d'un four.

Conseil

La terre rouge chamottée est une des moins fragiles à mettre au four. Sa coloration prend alors des tons ocre et orangé très chauds.

Astuce

Pour enlever les moisissures sur la terre sèche, j'emploie une vieille brosse à dents souple.

Les patines

La patine, c'est la touche finale que vous allez apporter à votre sculpture. Une bonne patine peut sauver une sculpture, une patine ratée peut la tuer.

Les enfants sauront peindre directement leurs petits sujets en terre sèche, avec une gouache pas trop liquide, car l'eau est absorbée immédiatement.
Pour les adultes, je conseille d'utiliser un vernis qui sert de liant à des colorants en poudre, et d'appliquer la préparation sur toute la surface de la terre. Il faut se choisir une belle palette, en tâtonnant peut-être un peu, mais cette recherche est nécessaire.

La surface de la terre sèche restant assez fragile, il faut agir délicatement.
On peut toujours faire des essais préalables sur des morceaux destinés à être récupérés. En s'appliquant, on obtient des nuances extraordinaires.
Il est conseillé de commencer par les couleurs claires, pour aller ensuite progressivement vers des teintes plus foncées.

Avec divers colorants en poudre, toutes les nuances peuvent être obtenues. Comme liant, on peut utiliser un vernis, ou de l'eau.

Les outils

Si vous débutez dans le modelage, il n'est pas nécessaire d'acheter trop tôt des outils sophistiqués (et peut-être onéreux), que vous vous procurerez plus tard dans les magasins de bricolage ou chez les fournisseurs spécialisés en produits Beaux-Arts.

A moindres frais, vous pouvez vous constituer une panoplie d'outils de récupération qui, au début, feront tout aussi bien l'affaire.

Couteaux de cuisine cassés, lames de scie, tasseaux de bois, manches de cuillères, etc., peuvent taillader, trancher, griffer ou lisser la terre, grâce à leurs extrémités acérées et incisives. A vous de rechercher les meilleurs effets, les plus variés, vous permettant de jouer avec les empreintes et les traces.

Quand vos ongles et vos doigts ne suffiront plus, ces instruments de substitution joueront un rôle utile et efficace.

Peu à peu, vous en viendrez à des outils plus perfectionnés, tels que ébauchoirs en bois pointus, droits ou dentés, et mirettes, qui serviront à dégager et arracher la terre.

Astuce

En guise de mirette, je confectionne une sorte de crochet coupé et tordu, avec les cintres métalliques que l'on récupère chez les teinturiers. Ces mirettes peuvent avoir différentes grosseurs.

Traces laissées dans la terre par divers outils improvisés.

Pour travailler la terre, vous avez besoin de quelques planches en contre-plaqué, de différentes largeurs et suffisamment épaisses pour pouvoir y enfoncer des clous (pas moins de 10 mm). Elles doivent être de bonne qualité, ni fendues ni altérées. Évitez l'aggloméré, qui absorbe l'humidité, gonfle et se déforme. Il arrive qu'il soit nécessaire de soulever la planche où repose le modelage ; il faut donc qu'elle soit très solide (et donc non pourrie).

Quand vous aurez calé votre planche, vérifiez son niveau en longueur et en largeur. Il faut en effet travailler bien à plat, car faire un modelage équilibré, sur une planche légèrement inclinée, équivaut à obtenir une sculpture finale qui a perdu son aplomb... et cela se voit à l'œil nu. Ce conseil est surtout utile, bien sûr, pour les grands travaux.

Avant de commencer un modelage, calculez votre élan. C'est-à-dire qu'il est très important d'avoir devant soi, un plan de travail plus large, qui dispose de l'espace nécessaire autour du modelage une fois terminé, pour permettre l'opération de moulage.

Par manque de place, vous seriez dans l'obligation d'agrandir votre surface en clouant des planches de raccord. Souvent cela entraîne une dénivellation, qui se répercutera sur les joints du moulage en négatif, puis ensuite sur ceux du positif. Cela est disgracieux et oblige à des réparations malencontreuses.

Ébauchoirs et mirettes sont les outils professionnels les plus couramment utilisés.

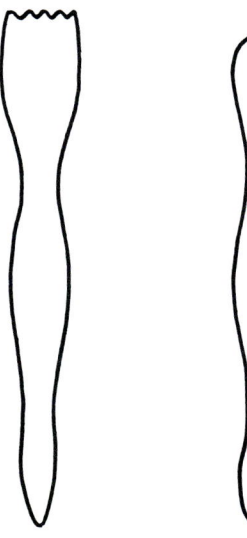  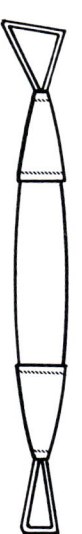 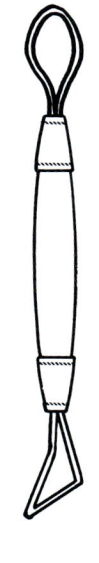

Vous verrez bientôt que ces sages précautions vous permettront un gain de temps appréciable, et vous éviteront d'avoir recours à un bricolage instable et précaire.

Astuce

J'ai toujours en réserve quelques cales en sifflet, très utiles pour bloquer ma planche de travail.

Pour travailler le modelage, j'utilise des sellettes tournantes à hauteur variable. Mais pour débuter, un coin de table suffira.

Une autre possibilité : fabriquez-vous un socle de bonne hauteur (ou faites-le faire par un menuisier), d'au moins 25 cm de large, sur lequel vous poserez votre planche. Vous l'utiliserez uniquement pour les petits travaux. Pour des travaux plus larges, plus imposants et plus lourds, vous devrez utiliser un socle adéquat.

Il est très important de pouvoir tourner autour de votre travail, pour jeter un regard circulaire et constant, tout au long de l'évolution de votre modelage.

A noter qu'il est très facile de fabriquer vous-même votre socle. Quelques planches et tasseaux feront l'affaire. Un bon coup de peinture blanche et voilà un support pour votre sculpture.

Sellette avec plateau tournant et montant.

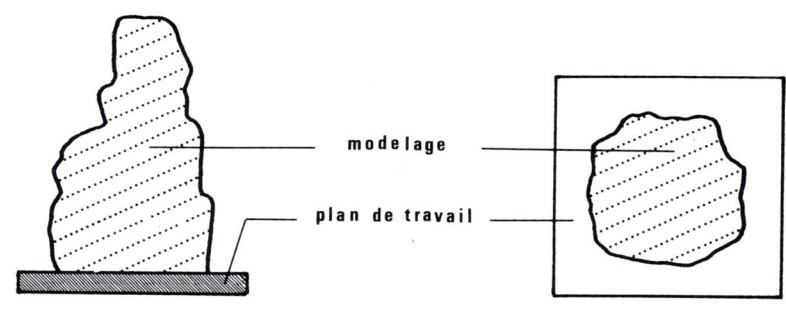

ce qu'il faut faire

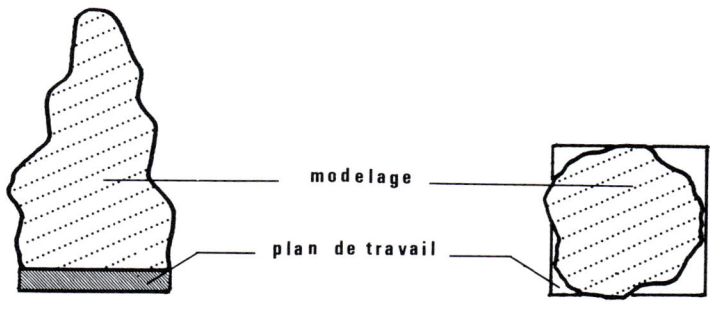

ce qu'il ne faut pas faire

Socle en bois (contre-plaqué et tasseaux dans les angles) servant de support au modelage.

Les armatures

Construction de l'armature interne, qui servira au modelage de la tête de cheval.

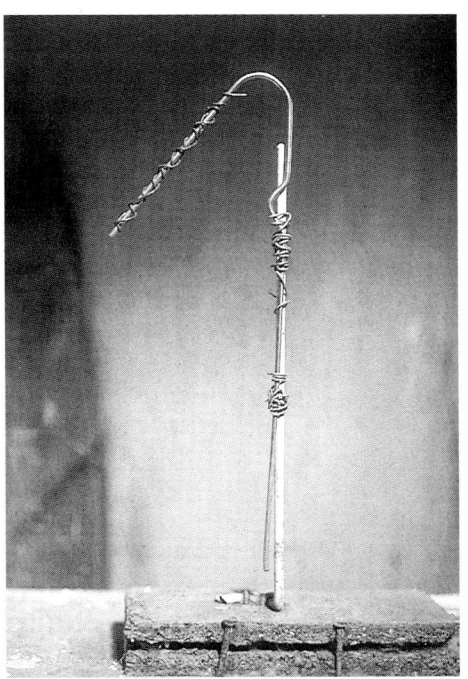

Les néophytes qui sont venus dans mon atelier pour apprendre le modelage, m'ont tous posé la même question : « Je sais ce que j'aimerais réaliser... mais comment faire tenir la terre ? »

Pour maintenir la terre, quelle que soit la forme que l'on veut lui donner, il faut employer des armatures.

La mise en place de ces armatures, qui sont en quelque sorte les fondations et les bases de votre travail, est une opération primordiale. Je n'insisterai jamais assez sur le caractère important de la réalisation de ce « squelette », qui doit être parfaitement réfléchi et calculé. De lui dépend tout le bon déroulement de votre modelage jusqu'à l'achèvement de l'œuvre.

Évidemment, cela nécessite que l'idée ou l'image de votre sculpture soit la plus précise possible, car la construction d'ensemble de l'armature sur laquelle viendra se poser et s'accrocher la terre, doit en donner la forme et la direction générale.

Une armature peut se modifier en cours de travail, parce qu'il y a toujours des impondérables. Mais plus elle sera calculée à sa juste mesure, plus votre travail en sera facilité, et moins vous aurez droit à de véritables casse-tête qui pourraient vous entraîner sur la voie du découragement... En effet, réparer des armatures cassées, mal soudées ou insuffisamment maintenues, relève de la haute voltige quand tout le poids de la terre entraîne l'affaissement et quelquefois la chute de l'ensemble du travail... généralement après de longues séances de labeur !

Une petite figure, ramassée sur elle-même, n'aura pas besoin d'armature. Cependant, il est possible, en cours de travail, de renforcer telle ou telle partie par une tige de fer coupée et tordue à la bonne dimension.

Par contre, un buste, un personnage debout, ou une forme qui se déploie et s'élève dans l'espace, demandera la préparation d'une charpente. Celle-ci est faite d'un noyau central, solidaire de la planche et sur laquelle il sera fortement maintenu.

Cette armature se compose de fers ronds de diamètres variables (5, 8 ou 10 mm), torsadés pour les très gros travaux. Ces fers sont maintenus entre eux en les soudant (pour les spécialistes de la soudure), ou bien ils sont attachés et reliés entre eux, en se chevauchant, à l'aide de fils de fer, qui empêcheront en même temps la terre de glisser.

Outre la mise en place de fers, le noyau interne peut comprendre des morceaux de bois ou de polystyrène, qui s'accrochent fermement aux fers.

Fixation d'une armature sur une planche, avec des clous et des cavaliers.

Ces armatures doivent être le plus justes possible, car elles sont définitives et font partie de la sculpture.

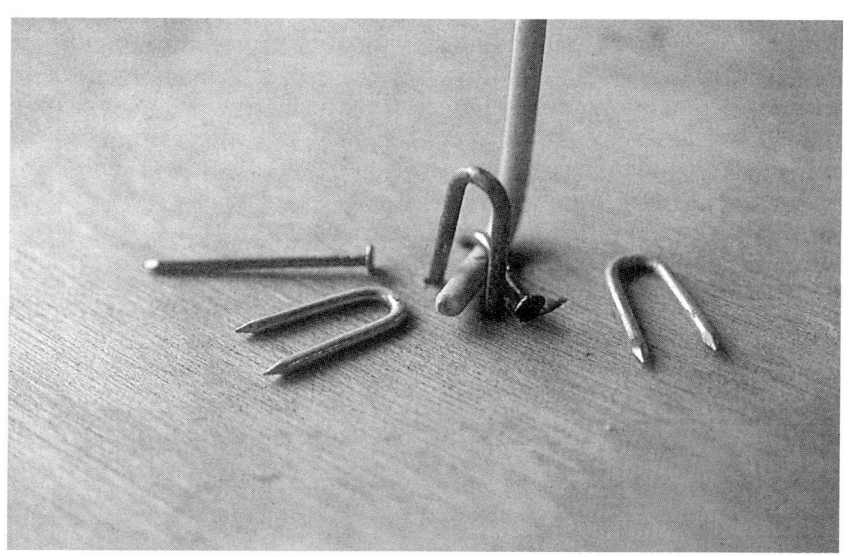

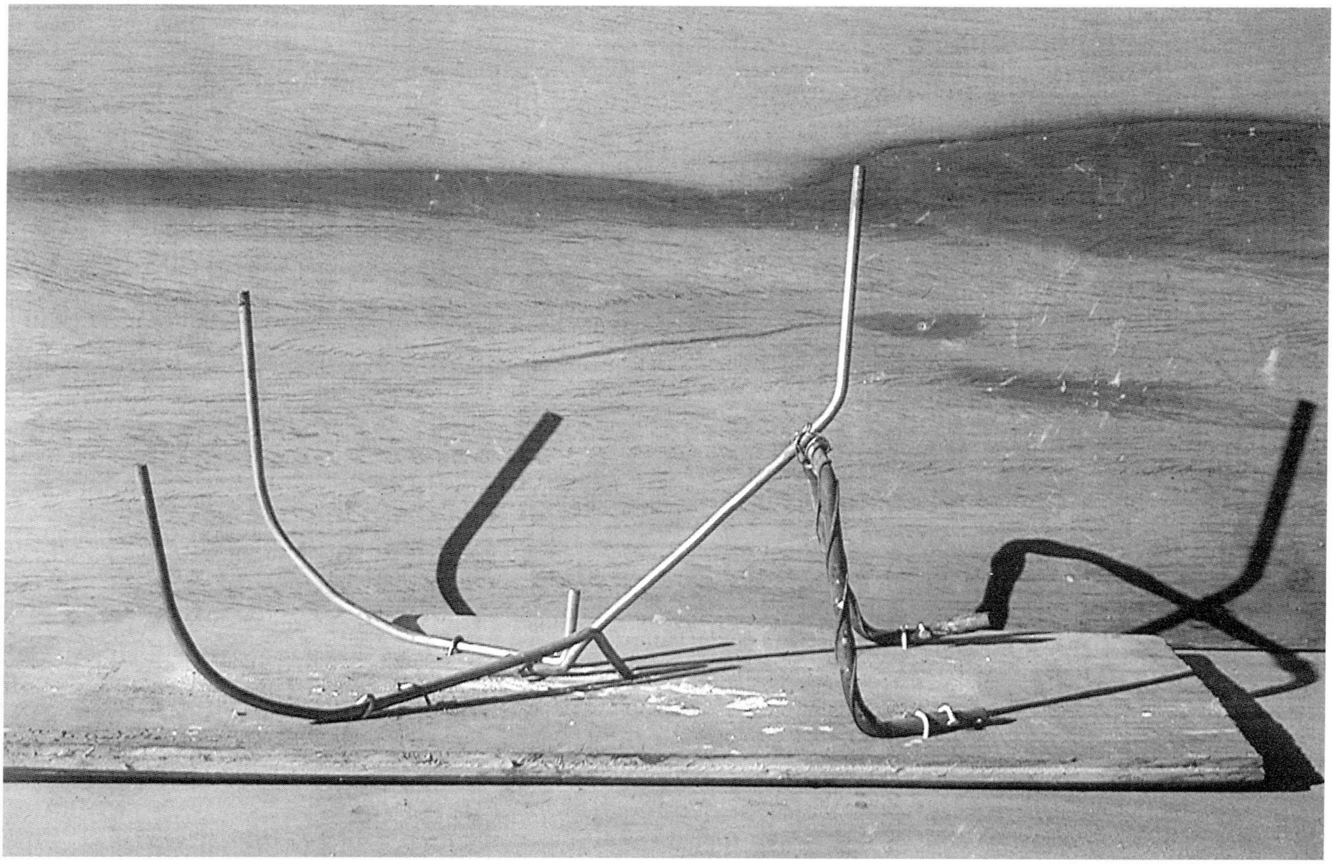

Composition d'une armature qui servira de noyau interne à un modelage. Outre la mise en place de fers, le noyau peut comprendre des morceaux de bois et de polystyrène expansé, accrochés fermement aux fers.

Astuce

Je récupère les chutes de polystyrène utilisé dans l'isolation des habitations.

Il est impératif de vérifier constamment et de très près la solidité de cette armature.

Le fer central, qui sera aussi le plus gros, est fixé à la planche avec des cavaliers, ou bien avec des clous recourbés et écrasés au marteau, ou, mieux encore, il est vissé.

L'armature peut être aussi réalisée avec un grillage métallique très fin et souple qui, grâce à ses mailles vides (que l'on peut toujours bourrer de papier journal), allégera la structure.

Une passoire retournée, une chute de bois, et bien d'autres objets encore que vous vous amuserez à rechercher, seront des supports originaux pour vos modelages.

Les sites de récupération de vieux métaux sont de vraies mines d'or dans le genre. Les matériaux y sont vendus au poids.

C'est parfois une vieille ferraille qui peut aussi donner l'idée de base d'une sculpture et, dans ce cas, la voie est ouverte à votre imagination.

La conception de cette armature peut vous paraître un peu fastidieuse et vous aurez tendance à renâcler devant cet obstacle. Mais il est tout à fait surmontable et vous garantit un résultat à la hauteur de ce que vous recherchez. Soyez sûr que le jeu en vaut la chandelle et vous évitera bien des déboires...

Bientôt, dès que vous aurez fait quelques armatures — ce qui requiert plus de prévoyance que d'habileté manuelle —, vous ressentirez le besoin de disposer d'un outillage plus perfectionné. Il sera bon alors d'investir dans l'achat d'un étau de bonne qualité, d'un coupe-boulon ou d'une pince-coupante (pour sectionner les fers) et éventuellement d'un poste à souder (pour les armatures de grande taille).

Espace de travail

Le modelage n'exige pas un atelier complet, tout au moins pour de petits travaux. Il peut se pratiquer partout, dans le coin d'une pièce, à l'extérieur (prévoir un abri), à condition de disposer d'une bonne source de lumière, naturelle ou artificielle.

L'éclairage, en effet, joue un rôle essentiel dans la sculpture, car il fait varier les effets des ombres et des lumières, mettant en valeur ses formes, et donnant ainsi toute sa puissance à l'œuvre modelée.

Veillez à choisir un endroit qui ne craint pas les salissures et qui peut supporter les projections d'eau et la poussière ; si vous ne disposez pas d'un sol carrelé ou cimenté, et donc facilement nettoyable, il faudra étendre un grand plastique pour protéger moquette, tapis ou parquet. Il suffit de prendre certaines précautions, et dégager un espace suffisant en écartant les meubles pour travailler sans gêne. On peut alors modeler la terre à son gré, sans crainte de salir. La terre très humide peut coller aux vêtements, aux mains (ou au visage pour les jeunes enfants !). Mais une fois sèche, elle disparaît d'un coup de balai... ou d'un coup d'éponge mouillée.

Un préau servant d'atelier.

Dans l'atelier, quelques enfants travaillent sur différents supports. Certains, ici, utilisent des morceaux de tuyau en PVC.

Des idées

Visage imaginaire, de caractère assez caricatural.

Avant de commencer un sujet précis, il est important de partir à la découverte de la terre, en recherchant grâce à un contact direct, les toutes premières sensations et émotions.

D'abord, on hésite, puis on triture quelques petites boulettes. Bien vite, on éprouve le besoin d'y plonger les mains, pour en arracher de gros morceaux, lourds à soulever ; c'est le corps entier qui participe.

Cette connaissance du matériau est nécessaire : il n'y a plus d'interdit (de se salir) ; on maltraite, on bat, on projette la terre avec force et fracas. Quel défoulement !

Le modelage permet de retrouver un certain équilibre : extériorisation pour certains, forme de communication ou libération d'agressivité pour d'autres.

C'est une bonne thérapie, qui, quelquefois, sert à régler des problèmes conflictuels personnels... Des échanges ont lieu avec autrui, on se passionne... on se fait plaisir. La sculpture permet d'aiguiser sa sensibilité comme toute autre forme d'art plastique, et l'apprentissage de ses techniques agrandit notre champ de créativité.

Les idées, on les porte en soi-même, que ce soit images ou messages. La sculpture est un moyen de les mettre au jour. Pour vous guider un peu plus loin, je propose ici quelques suggestions, mais très vite il vous faudra acquérir votre propre indépendance... celle-ci commençant, bien sûr, par une réelle connaissance de soi-même. De cette découverte jaillira votre inspiration.

IDÉE 1 :
empreintes

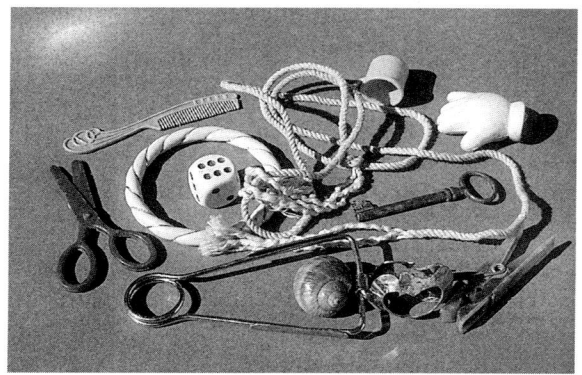

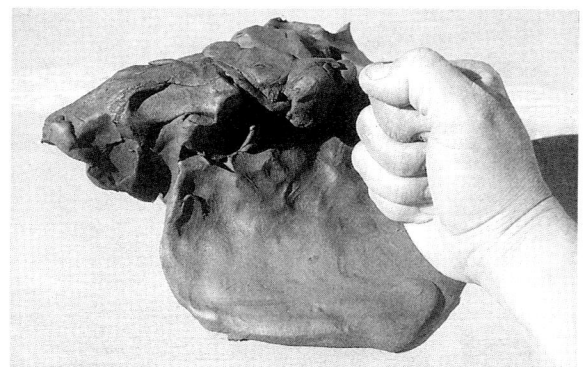

    Récupérez dans le fond de vos tiroirs, divers objets hétéroclites : capsules, bouchons de stylo, allumettes, clés, peignes cassés, bouts de ficelles, jouets usés, pièces, etc.

    Préparez une galette de terre assez épaisse, de 3 à 4 cm. Découpez une forme ronde ou ovale assez large. Puis enfoncez-y les objets, qui marqueront la terre de leur empreinte. Vous devez les utiliser les uns après les autres en recherchant la meilleure composition. Décollez-les ensuite avec précaution.

Après avoir retiré, avec la pointe d'un couteau, les différents objets légèrement enfoncés dans la galette de terre, on vérifie les empreintes avant de les mouler, puis de faire un tirage.

Vous avez alors deux possibilités : vous moulez tel quel votre travail, les empreintes des objets restant en relief, ou bien, vous prolongez la technique en tirant une épreuve positive de votre précédent travail. Les empreintes apparaissent en creux.

A vous de réussir ensuite une belle patine.

empreintes : *la feuille*

Pour cet exercice, préparez la terre comme précédemment. Choisissez une belle feuille que vous appliquez au centre, puis appuyez doucement sur toute sa surface afin que les nervures creusent un relief dans la terre. Vous ôtez la feuille, puis vous en découpez le contour. Passez un fil sous la feuille pour la décoller de la planche, puis patinez-la.

Pour donner des teintes d'automne à la feuille de vigne vierge, on a patiné la terre sèche, avec une gouache assez épaisse.

empreintes : traces au sol

Moulage de l'empreinte d'une patte de chien. Il suffit de couler du plâtre dans la trace au sol laissée par l'animal pour obtenir l'empreinte en relief.

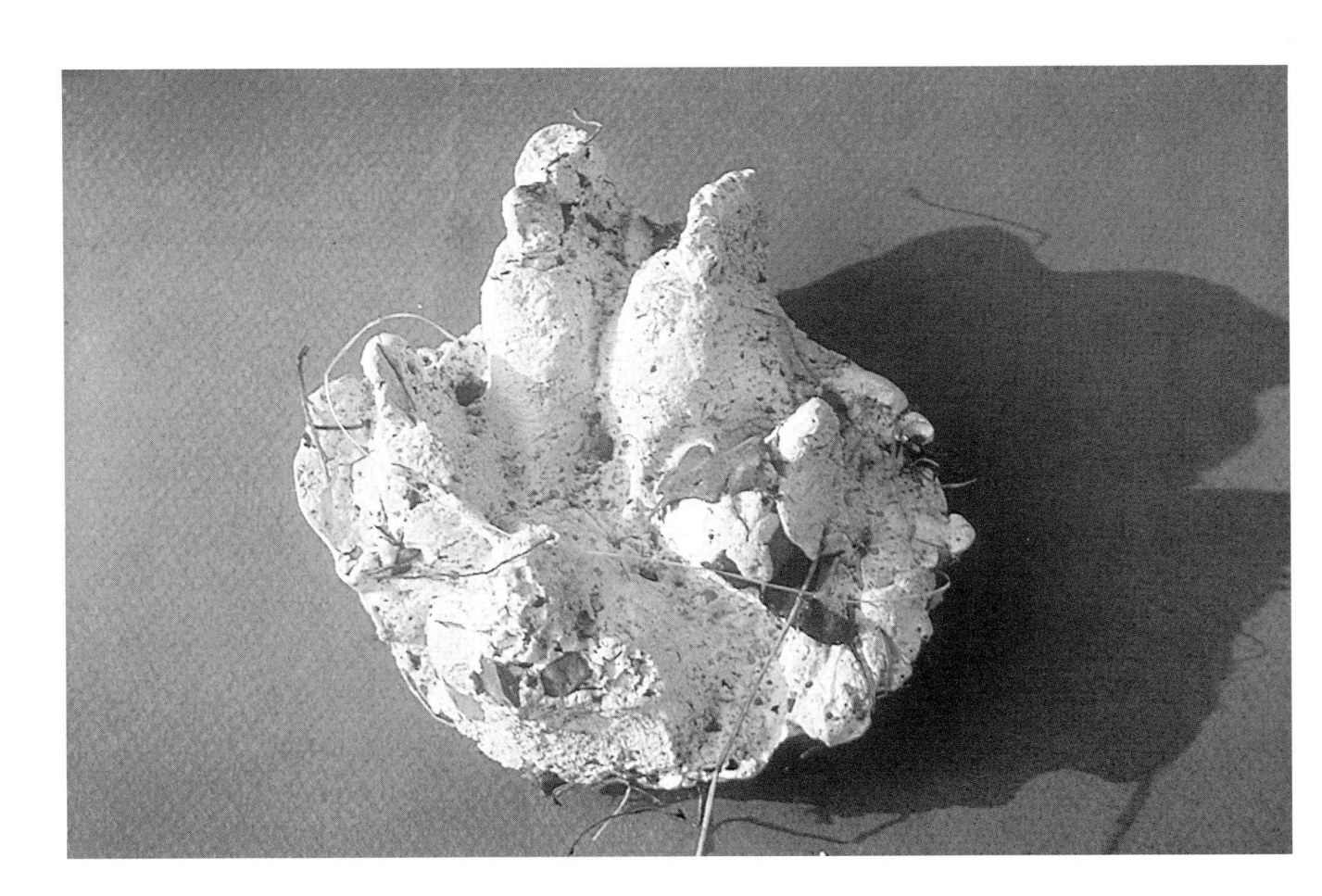

Si vous disposez d'un jardin, ou si vous avez la possibilité de vous promener dans les bois et sur les chemins de campagne, regardez la surface du sol et cherchez les traces laissées par les animaux et les hommes : chats, chiens, sabots de vaches, fers de chevaux, bottes de chasseurs, roues de tracteurs, etc.

Quand vous repérez une belle empreinte, faites-en un moulage. Les enfants sont particulièrement passionnés par cette expérience vécue au grand air.

Des morceaux de terre, de brindilles, de feuilles mortes restent pris dans le plâtre et amènent les enfants à s'interroger sur les particularités et la nature du terrain où l'imagination l'emporte souvent sur la réalité...

IDÉE 2 :
impressions

C'est une variante des empreintes. Après avoir étendu la terre sur une planche, en gardant une épaisseur bien uniforme, lissez la surface en la raclant consciencieusement avec un simple tasseau de bois.

Ensuite, vous choisissez toutes sortes de textiles et de matériaux fins et souples, tels que tissus, dentelles, feuilles d'arbres, papiers peints, papiers découpés et ajourés, etc., tout ce qui peut créer un relief en creux intéressant.

Les motifs doivent être choisis soigneusement, et appliqués sur la terre sans en modifier le nivelé. La forme s'incruste quand on exerce sur elle une légère pression.

Libre à vous, ensuite, de trouver des formes, des traits, des dessins... Vous pouvez laisser sécher. Puis vous patinez votre œuvre. Ou bien vous faites cuire, et vous alliez ici beauté et utilité.

La terre, après avoir été aplatie, est découpée sur un de ses rebords.

Un tissu avec des motifs en broderie, est déposé sur la terre. On exerce une légère pression jusqu'à ce que les empreintes soient nettes.

Le vase après cuisson.

La plaque, enroulée sur elle-même, est munie d'un fond en terre, que l'on aura découpé en calculant bien son diamètre.

Le vase est patiné avec des pigments, un vernis mat servant de liant.
15 cm

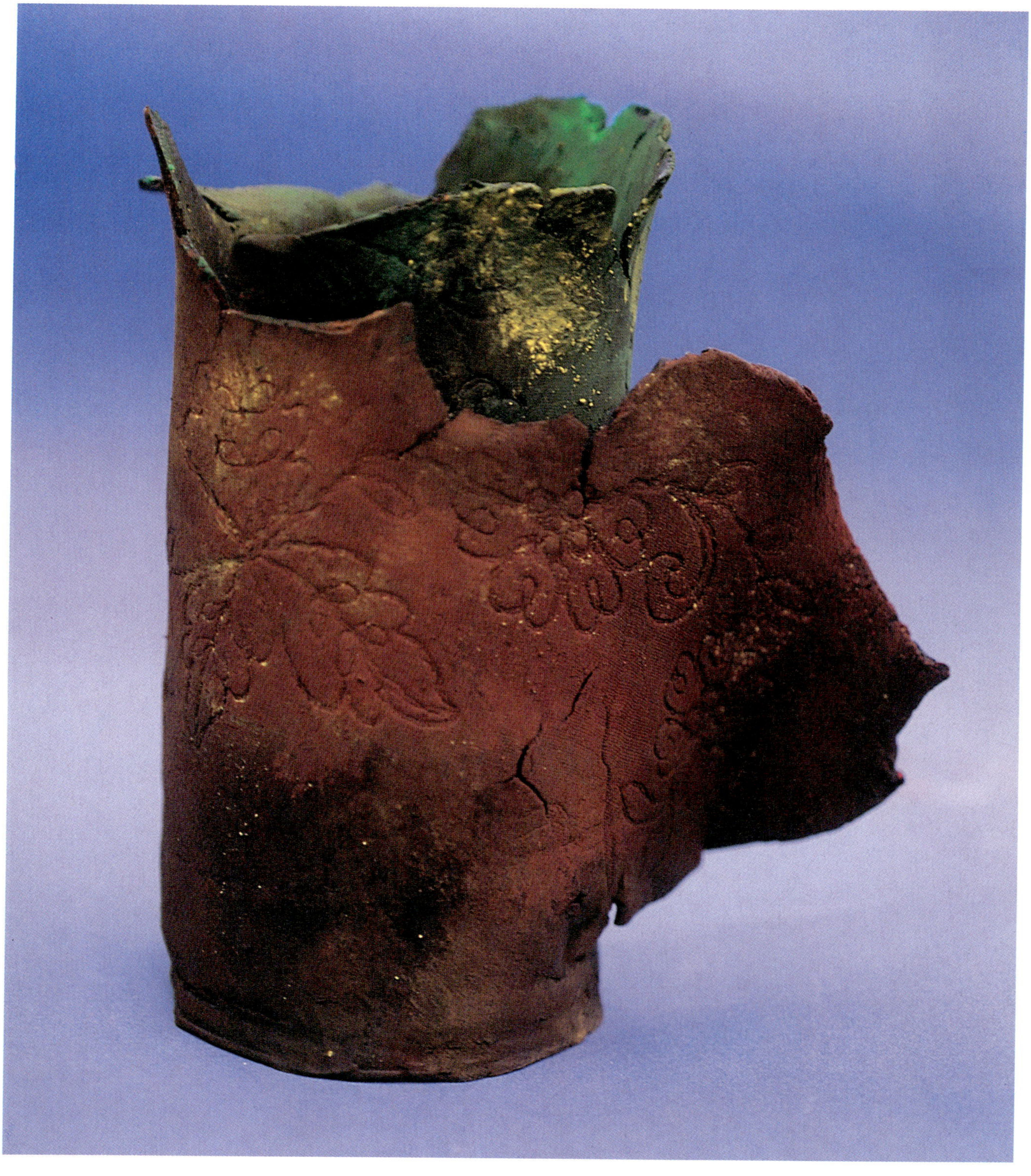

IDÉE 3 :
paysage en bas-relief

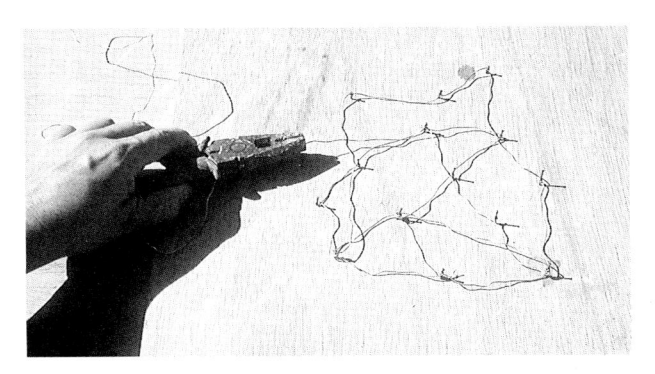

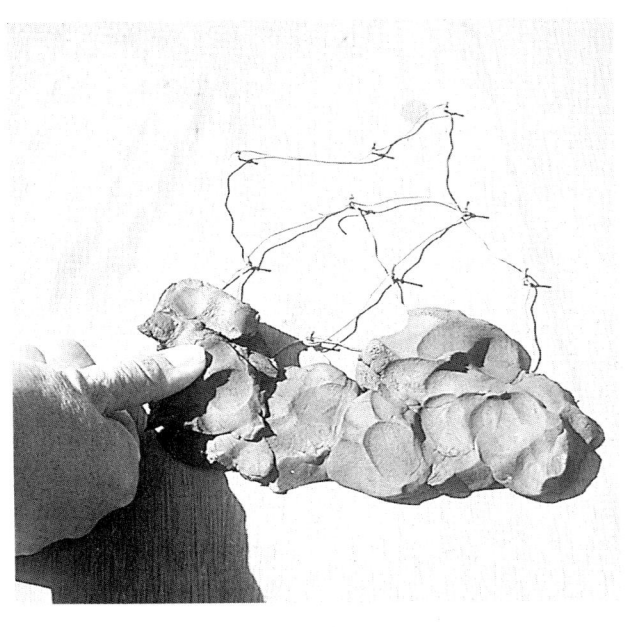

Quel que soit le sujet à représenter, en voici un très facile, pour délier les doigts de celui ou celle qui débute dans le modelage.

Prenez une planche sur laquelle vous plantez des clous espacés, couvrant la surface qu'occupera le bas-relief. Reliez ces clous entre eux par un fil de fer fin. La terre s'accrochant à cette armature ne pourra pas glisser.

Installez-vous sur votre plan de travail et relevez votre planche de manière à avoir une vue plongeante sur votre futur modelage.

A partir d'une photo, que vous aurez choisie dans une revue ou votre album, vous allez vous employer à recréer en volume, les différents plans, espaces et lignes de fuite.

Faites une plaque de terre qui sert de support, puis dessinez les principales directions de votre paysage, avec la pointe d'un couteau. Ce sont vos points de repère. Cherchez ensuite les volumes principaux au premier plan (celui qui est le plus proche de vous). Ce sera aussi celui qui sera le plus haut en volume. Inutile de placer trop de détails qui nuiraient à l'ensemble.

Construisez ensuite le second plan (situé en général à mi-hauteur du tableau) en superposant des morceaux de terre. Allez toujours à l'essentiel.

Puis vous terminez par le troisième plan, ici le ciel.

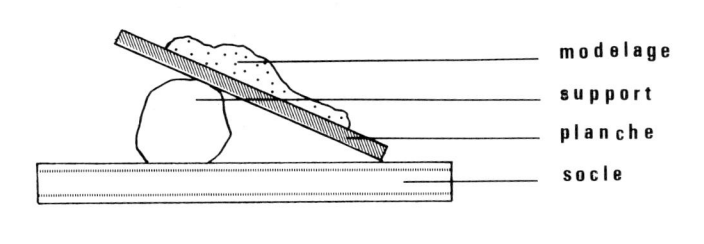

Après avoir planté des clous (à tête d'homme) dans la planche, sans trop les enfoncer, on tend du fil de fer fin entre eux. Puis, on écrase des boulettes de terre par-dessus les clous. Ainsi la terre sera bien accrochée et ne glissera pas.

modelage
support
planche
socle

travail surélevé

A l'aide d'un couteau, on dessine les plans principaux. On travaillera d'abord le premier plan, dont on augmente un peu l'épaisseur, tandis que l'on diminuera celle du troisième plan.

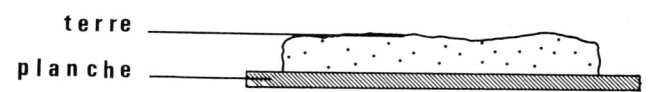

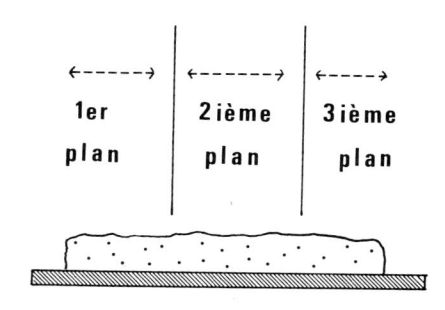

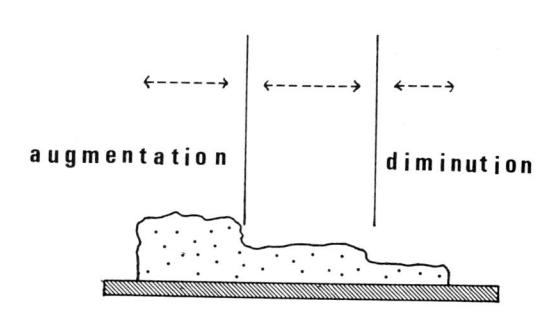

plan de coupe du bas-relief

Recherchez les meilleurs modelés, arrondissez les volumes sphériques et galbez certains contours. Jouez avec les ombres et les lumières, effacez certains éléments qui, éventuellement, ne peuvent que gêner la construction d'ensemble. Vous êtes à la fois juge et acteur.

On suit les lignes de fuite des murs, on accentue les toitures, puis on creuse les ouvertures, portes et fenêtres.

Après avoir fait un moulage du bas-relief terminé, on fait un tirage en ciment, que l'on patine ensuite (pigments et vernis).

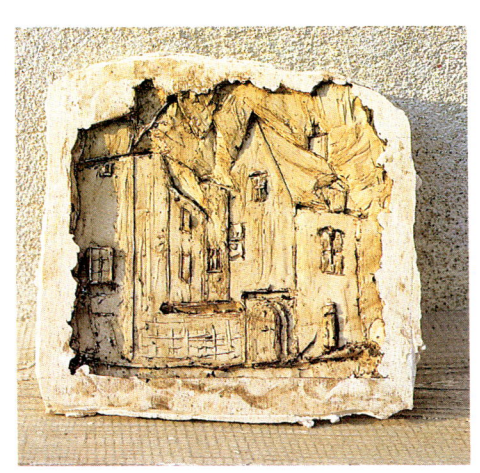

Moulez ensuite votre travail, puis ajoutez la patine finale.

Ne tentez surtout pas de reproduire la photographie. Celle-ci doit vous servir de point de départ d'un travail où votre propre interprétation intervient. Rentrez dans le tableau et voyagez... Ce voyage, c'est le meilleur prétexte pour rêver !

IDÉE 4 :
visage

Commencez par la recherche des volumes principaux à partir des points osseux (front, arcades sourcilières, pommettes, nez, menton).

Page ci-contre :
Le cou est structuré. On place le modelé. Examinez souvent chacun des profils du visage.

Pour votre premier essai, vous allez modeler un visage, mais vous vous en tiendrez à des formes simples, sans recherche du détail.

Même sans une connaissance parfaite de l'anatomie, vous allez dégager des volumes qui, peu à peu, sous l'action du modelage, vont donner naissance à un visage humain, sorti tout droit de votre imagination, le but étant d'inventer et non pas de reproduire.

Ce sera peut-être un visage aux traits fins, dont vous aurez estompé volontairement les reliefs pour traduire la douceur ou le mystère en lissant la terre de vos doigts, ou bien ce sera un masque aux traits accusés, dont vous aurez accentué les caractères en utilisant des outils qui « attaqueront » la terre, poussant votre modelage jusqu'à la caricature... Ce sera aussi ce visage qui n'existe pas encore, mais que vous seul pourrez réinventer...

En premier lieu, vous écrasez de grosses boulettes de terre sur l'armature que vous avez préparée. Peu à peu, vous arrivez à reconstituer une masse compacte adhérant parfaitement à la planche. Ovale, ronde ou triangulaire, vous définissez vous-même la forme générale.

Respectez une certaine symétrie et placez tout de suite le volume du nez, qui est le plus haut relief.

A partir de celui-ci, jouez avec le modelé des joues et celui du menton.

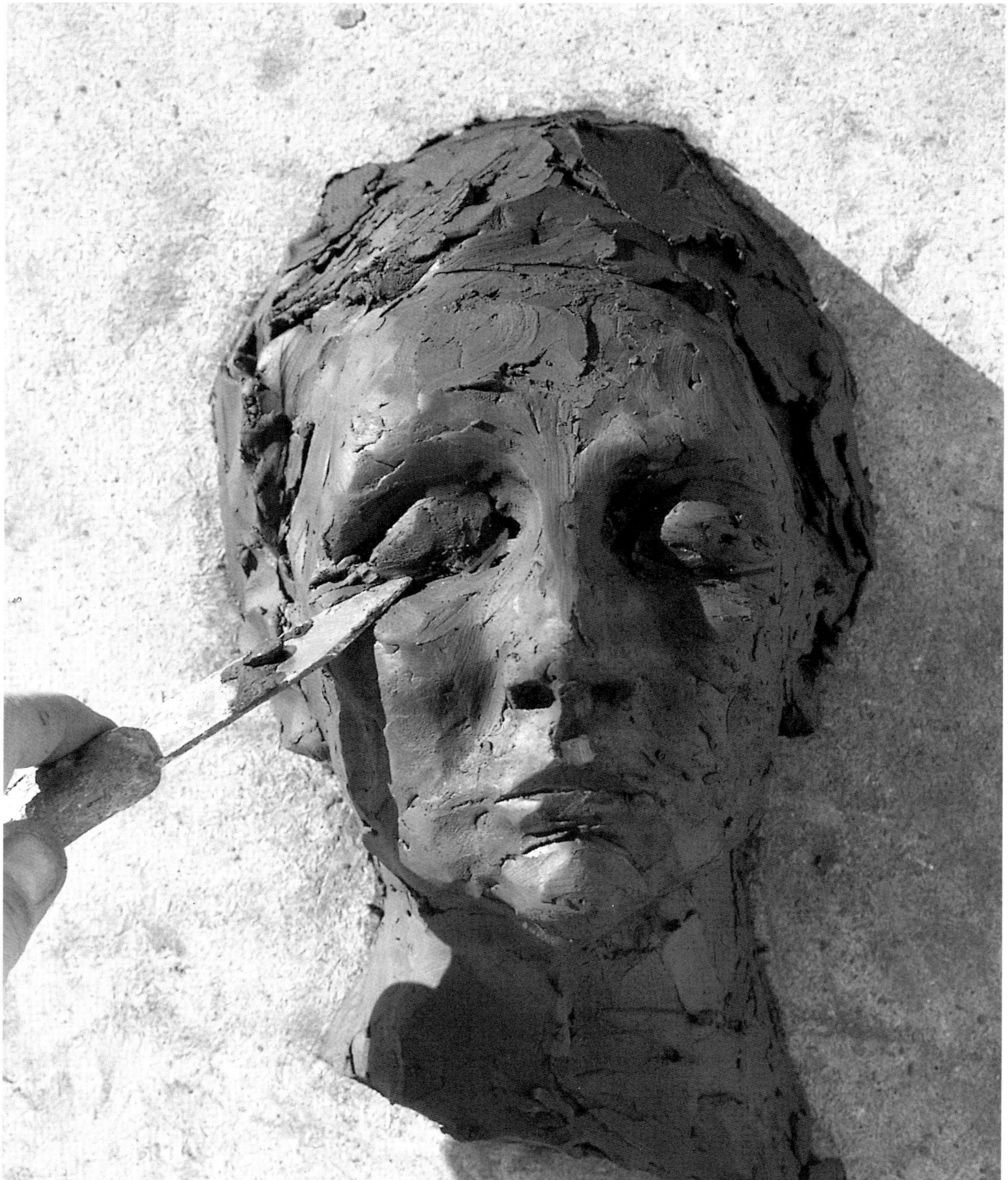

Vérification constante des deux profils.

Les ombres dessinent le visage.

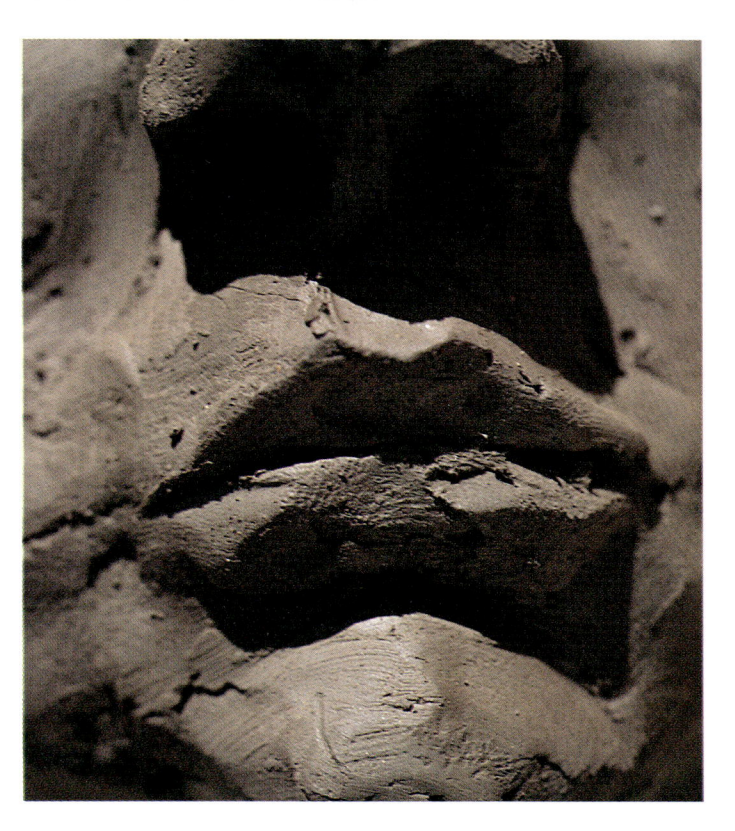

A cette fin, placez des repères sur les points osseux, tels qu'arcades sourcilières, os nasal, pommettes, menton, qui vont saillir vers vous. (J'entends par repères, de simples morceaux de terre qui signalent la présence des points importants à travailler en priorité, et qui me servent de référence pour l'ensemble du travail.)

Ne perdez jamais de vue que vous devez comprendre ce que vos mains sont en train de créer. Travail torturé ou travail épuré, il doit se dégager une harmonie de cette cohésion pensée par votre esprit et construite par vos doigts.

Vous hésitez ? Vous vous sentez un peu perdu ?
Eh bien, regardez les personnages autour de vous. Ou bien observez votre visage dans un miroir. Palpez-en les contours, les muscles. Faites circuler votre regard, épiez le moindre détail. Il y aura toujours une solution à vos interrogations... à condition de chercher, bien sûr ! Comme tout travail de créativité, la sculpture demande un effort de concentration. Alors soyez attentif à votre œuvre naissante.
Au fur et à mesure que votre travail avance, vérifiez de temps à autre le profil gauche et droit, en vous penchant sur les côtés.

Ne cherchez pas à mettre un « regard » dans les yeux. Tenez-vous en à en placer le volume rond et le pli des paupières. Vous avez aussi la possibilité de « creuser » les orbites, mais attention à ne pas faire des yeux « morts »... D'autre part, pour équilibrer l'ensemble, placez les oreilles, en simplifiant leur arrondi.

Dans tous les cas, vous avez un travail de recherche qui demande du temps et de la patience, avant d'arriver au résultat voulu.
Un modelage n'est qu'une étape avant une autre. Dans le prochain travail en terre, évitez les erreurs du précédent. Forgez-vous une maîtrise à travers chaque réalisation.
Cette terre que vous modelez est faite de plans incurvés, de lignes courbes, d'angles saillants, qui s'opposent, se croisent et se mêlent.

Sans cesse, vous devez revenir sur votre ouvrage, en n'hésitant pas à le modifier.

Prenez du recul par rapport à votre sculpture, tournez autour, multipliez les points de vue. Faites pivoter la planche, car la lumière change et modifie les ombres. N'hésitez pas à monter sur de hauts tabourets pour avoir une vue plongeante.

Soyez acharné, exigeant avec vous-même, et le résultat sera à la mesure de vos ambitions.

Conseil

Quand la fatigue se fait sentir et que je ne « perçois » plus ma terre, j'abandonne le travail momentanément. Je ne le reprends que plusieurs heures ou plusieurs jours après.

J'ai ainsi un regard neuf qui redécouvre le travail. Quand j'ôte mon plastique, je sais que les premières minutes sont importantes pour avoir un bon jugement d'ensemble. Cette clairvoyance est éphémère. Il faut la saisir très rapidement.

N'est-ce pas Léonard de Vinci qui disait : « Quand tu te seras fait un jugement, tu dessineras vite... » Il en est de même pour la sculpture.

Quand le modelage est terminé, faites-en un moulage en plâtre. 20 cm (voir page 45)

Placez les yeux dans les orbites et construisez le volume des paupières.

IDÉE 5 :
buste

Vincent.
Buste en plâtre.
50×50×25 cm

On appelle ronde-bosse, la sculpture proprement dite, qui s'élève en trois dimensions : un buste, un personnage, un assemblage et une composition de volumes et d'éléments qui jouent avec les espaces, les pleins et les vides, où le sculpteur devient le magicien des formes.

Précédemment, vous avez travaillé sur le visage couché sur la planche. Une fois moulé, il n'y aura donc qu'un seul côté qui nous intéressera.

Essayons maintenant de construire un buste.

Grâce à cet exercice, plus poussé, vous allez apprendre à modeler la terre dans l'espace, et sous tous les angles. Dans ce cas précis, le sculpteur dispose d'une potence de soutien fixée à la planche. A son extrémité, on fabrique une armature avec fers, bois, ou morceaux de polystyrène (comme nous l'avons déjà vu). Ceci formera le centre de la tête.

Vérifiez la solidité de ce noyau, puis, par rajouts, vous apportez la terre tout autour, jusqu'à obtenir le volume d'une tête.

Dans le cas où vous ne disposez pas de potence, confectionnez-vous une armature. Pour cela, reportez-vous au chapitre concerné. Vous montez la terre, sachant que les épaules de votre modèle reposeront sur la planche. Dégagez bien le cou.

Sans essayer de réellement dessiner, indiquez par un coup de couteau dans la terre, l'emplacement des principaux éléments. Divisez l'ovale du visage en deux verticalement, puis horizontalement (on a ainsi une croix). Sur cette première ligne horizontale, vous placez les yeux. A égale distance des yeux et de la pointe du menton, situez le nez.

Tandis que le modèle prend la pose, une potence est mise en place. Une armature faite de polystyrène constituera le noyau du modelage de la tête. La tête s'accroche autour du noyau. Construire d'abord la boîte crânienne, le squelette en quelque sorte.

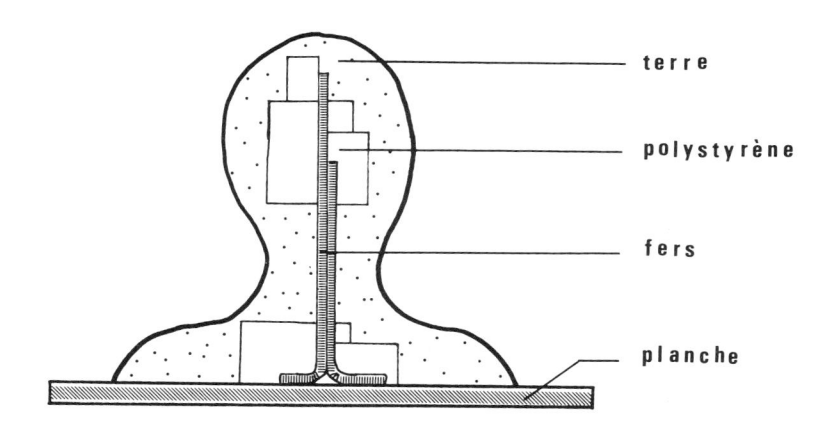

plan de coupe d'un buste

terre
polystyrène
fers
planche

symétrie

face

.... directions

aplomb

profil

-------- constructions

Puis, entre le nez et le menton, vous trouverez l'emplacement de la bouche. L'arrondi supérieur des oreilles commence au niveau des yeux.

C'est à peu près la règle générale à suivre pour construire votre buste.

Éventuellement, un de vos proches pourra être votre modèle... Dans ce cas, étudiez ses traits. Prenez différentes mesures de rapport entre des points bien distincts que vous choisirez. Aidez-vous d'un compas de sculpteur, mais un cordon ou un crayon feront très bien l'affaire. Ces lignes comparatives, sont des horizontales, des verticales, des obliques... Par exemple : comparez les distances entre un coin d'œil intérieur ou extérieur et une narine, entre commissures des lèvres et lobe d'oreille, puis reportez celles-ci sur l'autre partie du visage, et ainsi de suite.

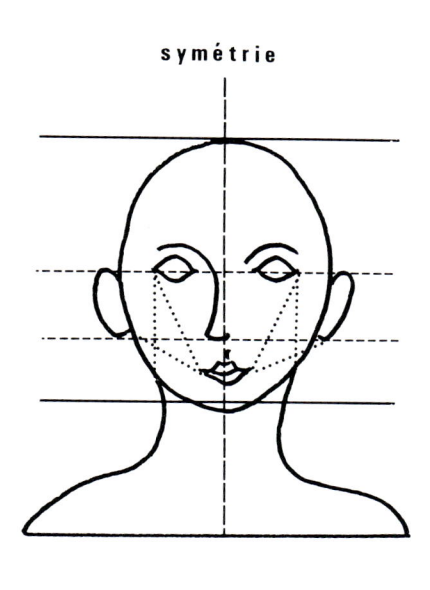

Pour un bon maintien de la tête, veillez à placer l'avancée du front et la pointe du menton sur une même verticale. Servez-vous pour cela du fil à plomb.

Il ne serait pas inutile, pour vous aider dans cette entreprise, d'esquisser quelques croquis sur le papier pour fixer la forme générale de la tête, les traits du visage et la masse des cheveux.

Puis vous travaillerez la terre, en cherchant à accentuer les caractères qui personnalisent le modèle. La principale difficulté dans ce modelage est de rechercher la ressemblance. Je ne pense pas que ce soit le premier but recherché. Ayez d'abord quelque chose de construit, c'est seulement ensuite que vous essayerez de reproduire votre modèle.

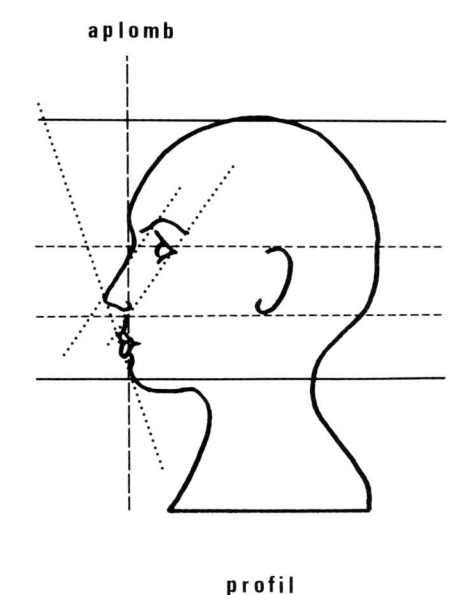

Conseil

Pour corriger les erreurs, je prends un miroir que j'approche du modelage, et je regarde l'image inversée du travail. Les erreurs sont alors flagrantes.

Astuce

Je fabrique un fil à plomb en attachant au bout d'un cordon, un esse métallique ou un petit objet suffisamment lourd pour le tendre.

IDÉE 6 :
personnage debout

Évidemment, posséder quelques connaissances fondamentales en anatomie est un atout, mais si vous avez la possibilité de travailler avec l'aide d'un modèle, vous apprendrez vite les bases indispensables pour pratiquer un modelage assez abouti.

Préparez une armature très solide, solidaire de la planche aux endroits où repose le corps, donc les pieds. On construit d'abord l'armature des jambes, à laquelle s'attache celle du tronc ; on place ensuite les armatures des bras et de la tête, en observant la direction et le mouvement de chaque partie de cet ensemble, et en respectant bien sûr les proportions.

Si vous avez une potence, servez-vous en. Votre personnage sera plus stable.

Pensez que le poids de la terre fera bouger, tanguer une armature mal consolidée. Et on ne peut guère faire un modelage très poussé dans ces mauvaises conditions.

En ce qui concerne le moulage pour les travaux très grands, les pièces seront plus nombreuses que dans le cas du moulage d'un buste. Elles doivent être très bien étudiées, dans leur nombre, leur forme et leur place.

On monte la terre autour d'une armature. La base est renforcée, ce qui rendra la statuette plus aérienne. Vérifiez souvent les proportions des membres, leur direction. Cherchez et corrigez les fautes d'anatomie. Le modelage terminé est prêt à être moulé (voir pages 72 et suivantes).

IDÉE 7 : *personnage assis*

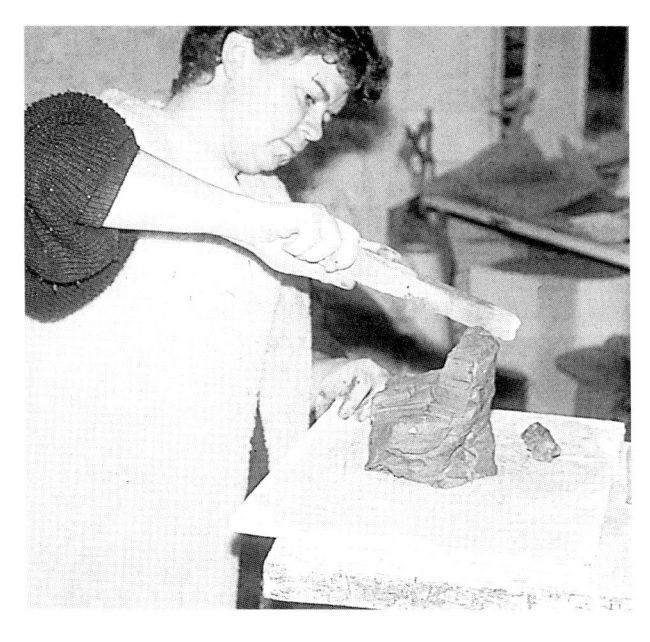

Dans cet exercice, il ne faut utiliser au départ qu'une seule petite armature. Après avoir situé un repère qui indique l'endroit où reposent les fesses et les pieds, on place l'armature de la jambe gauche en étudiant l'angle de son repli, puis l'armature du tronc à laquelle on relie celle de la tête.

Ensuite le modelage commence. Pour les armatures des bras, on utilise des fers, qui sont enfoncés dans la masse de la terre qui offrait un soutien.

En ce qui concerne le moule, il faut d'abord boucher les espaces entre jambe et cuisse, puis entre les bras. On peut ensuite définir plus facilement l'endroit où sera situé le plan de joint. Il ne faut pas perdre de vue que toutes les pièces doivent pouvoir se dégager au démoulage.

Vouloir économiser le nombre de pièces n'est pas une bonne solution, car plus le nombre de pièces est restreint, plus les pièces sont grandes et plus elles sont difficiles à ouvrir... ce qui entraîne de la casse, beaucoup de réparations, souvent visibles, et une perte de temps considérable.

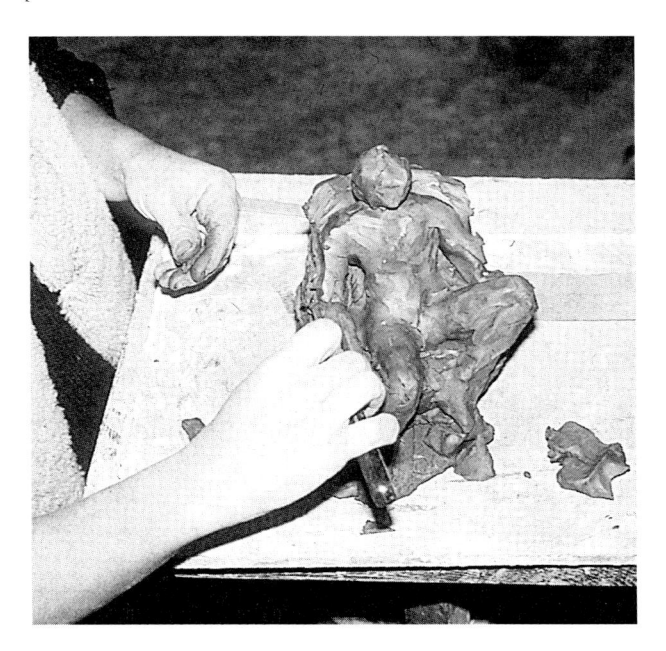

Le personnage étant assis, on prépare d'abord le support sur lequel il repose. Inutile de faire un siège parfait, la masse se suffit à elle-même. Elle doit s'effacer et mettre en valeur le sujet. Placer tout de suite les pieds et les mains pour équilibrer la sculpture. Fignoler si nécessaire.

Le personnage assis a été moulé, tiré en béton et patiné. 15 cm

55

IDÉE 8 : *personnage couché*

Tirage en béton. Patine vert bronze. 15 cm

Dans cet exercice, il s'agit de faire surgir la forme de la masse de terre. Travailler sans modèle est toujours délicat, mais il suffit de respecter les proportions du personnage.

Ici, on se contentera de dégager essentiellement la silhouette. N'oubliez pas que les ombres vont « dessiner » votre sculpture, et qu'elles doivent donc avoir une bonne « circulation ».

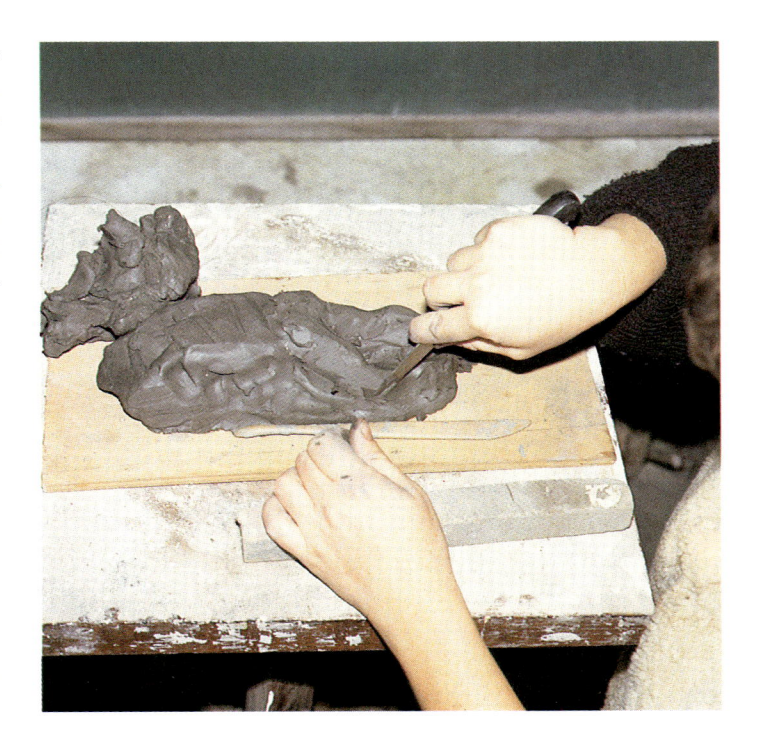

Après avoir recherché le meilleur éclairage possible avant de commencer le modelage, on place les volumes principaux. Le sujet doit « décoller » de son socle.

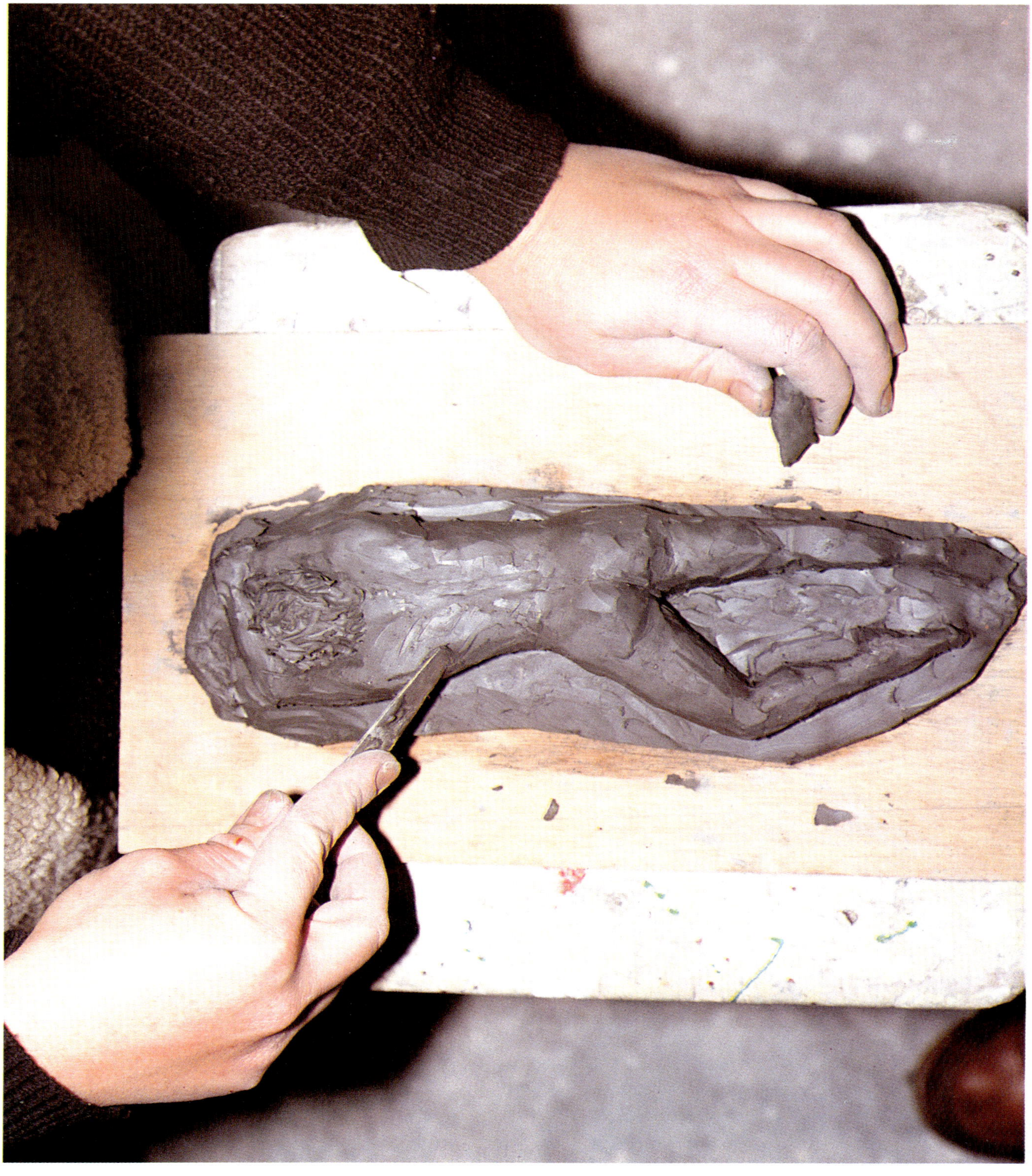

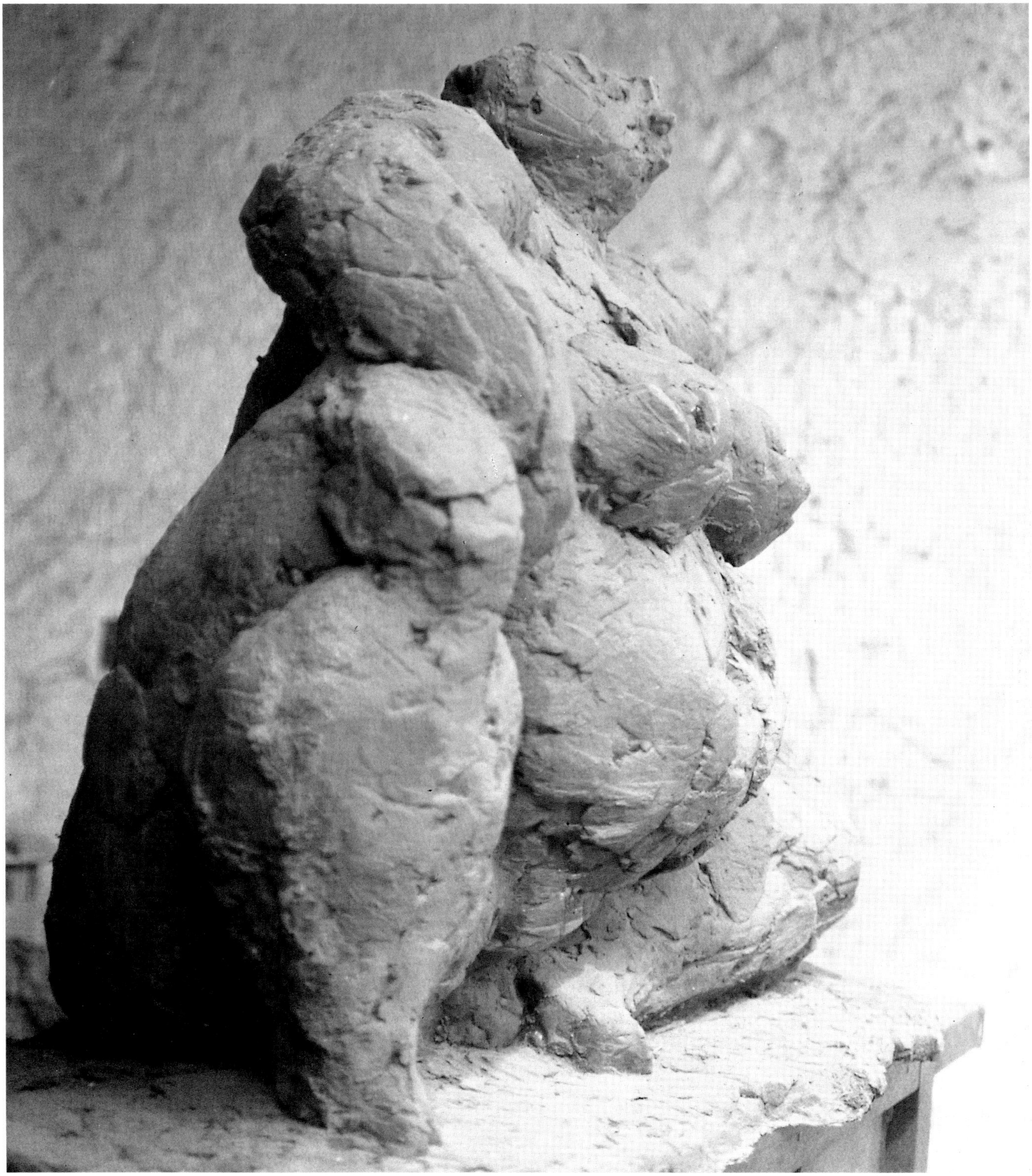

IDÉE 9 :
la main

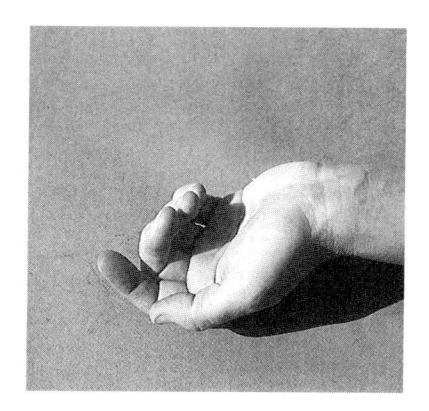

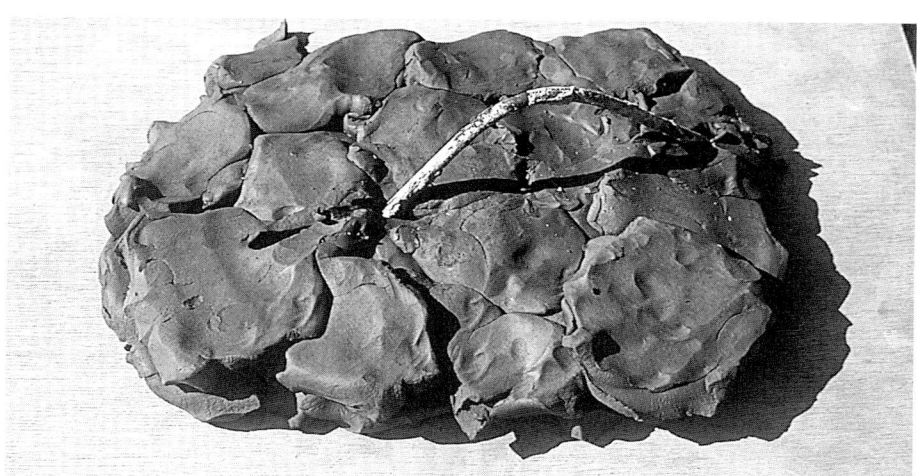

Pas de modèle à votre disposition ? Pourquoi alors ne pas essayer de travailler sur le thème de la main.

Observez bien la vôtre. Puis commencez à construire une bonne base en terre, qui sera le support de la main. Plantez une armature qui épousera sa forme. Positionnez ensuite la terre en recherchant les volumes principaux : doigts, paume, attache de l'avant-bras.

Les étapes sont toujours les mêmes : dessiner au couteau les directions, puis placer des boulettes de terre comme point de repère sur les plus hauts reliefs. Quand vous jugerez pouvoir arrêter le travail, vous le moulerez.

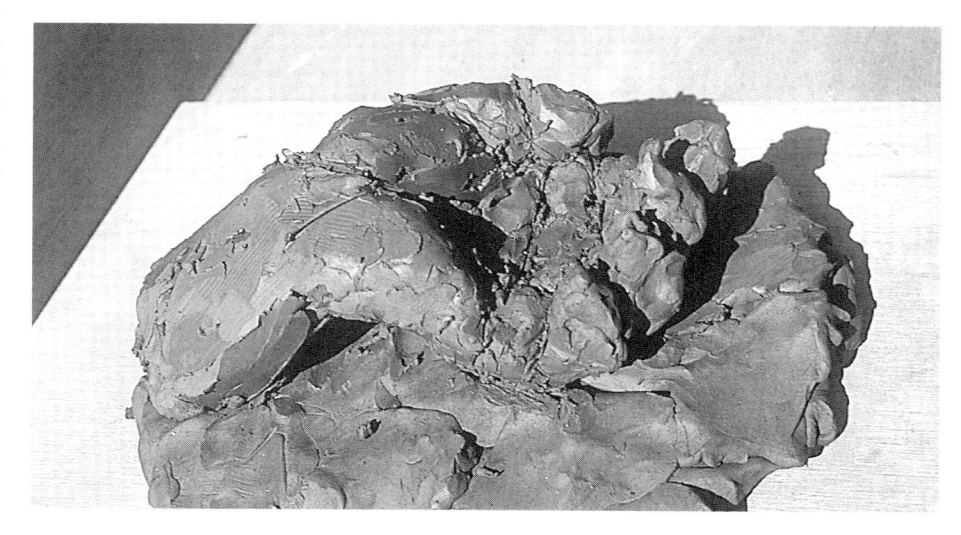

Page ci-contre :
Femme assise.
Résine.

Cette position de la main est intéressante par sa cambrure. L'espace circule tout autour.

IDÉE 10 :
le pied

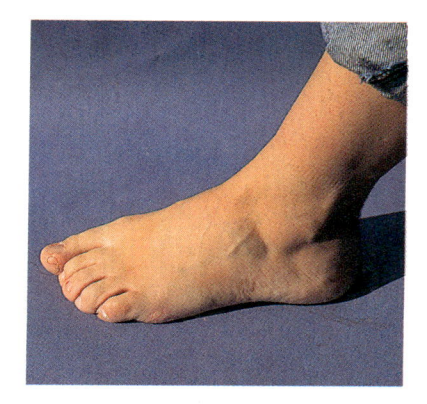

Les différentes étapes de cet exercice sont identiques aux précédentes. Un support de terre, une armature pour soutenir le départ de la cheville. Ensuite, construction du volume en terre par rajouts successifs, en observant bien le modèle sous tous les angles.

Prévoyez un jeu de miroir pour vous aider. Utilisez un couteau pour tracer les lignes et les différents plans. Puis cherchez le meilleur modelé (sans lisser !).

Il faudra alors procéder au moulage pour « tirer » votre travail en matériau dur.

Placez la plante du pied, puis cherchez l'emplacement de la cheville, où vous planterez une armature de soutien. Recherche de volumes par grosses boulettes de terre.

On suit la courbe des orteils, puis on fait saillir le gros orteil. Recherche de modelé, vérification de l'aplomb du talon.

Pied moulé en plâtre. 20 cm

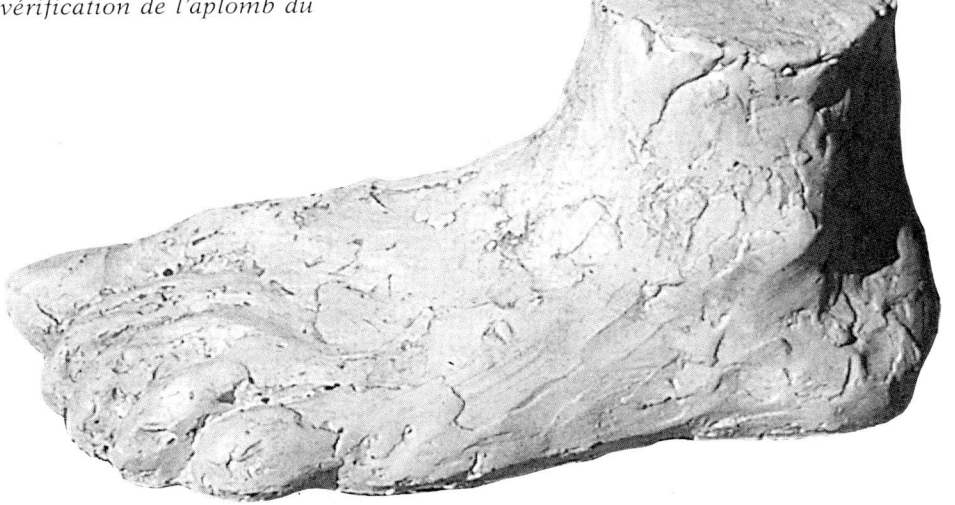

IDÉE 11 :
le cheval

Avec quelques croquis sur nature dans les prés, et l'aide de plusieurs photos, il s'agit ici de faire une étude sur un animal. L'exercice est difficile, car il demande une grande connaissance de l'anatomie de l'animal, ou tout au moins beaucoup d'observation.

On prépare l'armature, sachant que le poitrail repose sur la planche. Pour éviter que la terre glisse, on entortille l'armature d'un fil de fer enroulé tout autour.

Variante d'une tête de cheval : pion d'échec. 11 cm

Tirage en béton. 30 cm

La terre est montée peu à peu autour de l'armature, à partir de la base, pour avoir une bonne assise.

On place les oreilles, les yeux, les naseaux...

Puis on accumule la terre peu à peu en essayant d'être fidèle à la courbure de la tête. On dessine les plans, on recherche les directions. Le sujet doit être examiné sous tous les plans, afin de lui donner la plus fière allure.

Grâce au moulage, on tire une épreuve positive que l'on patine. On peut simplifier à l'extrême le sujet.

Repères tracés au couteau.

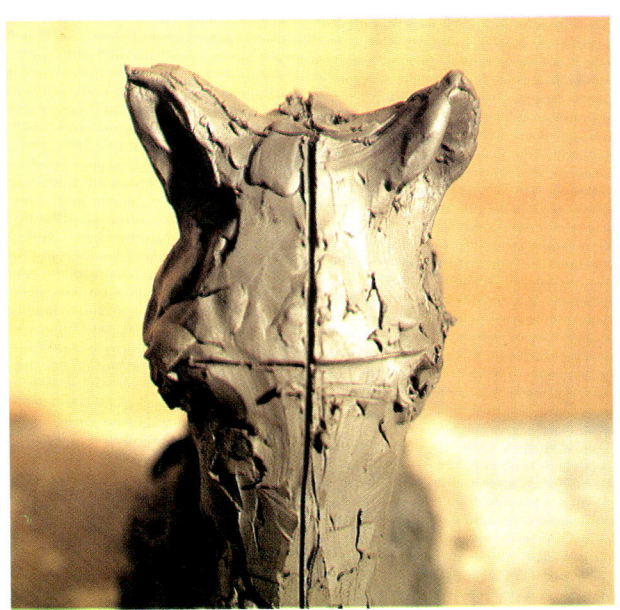

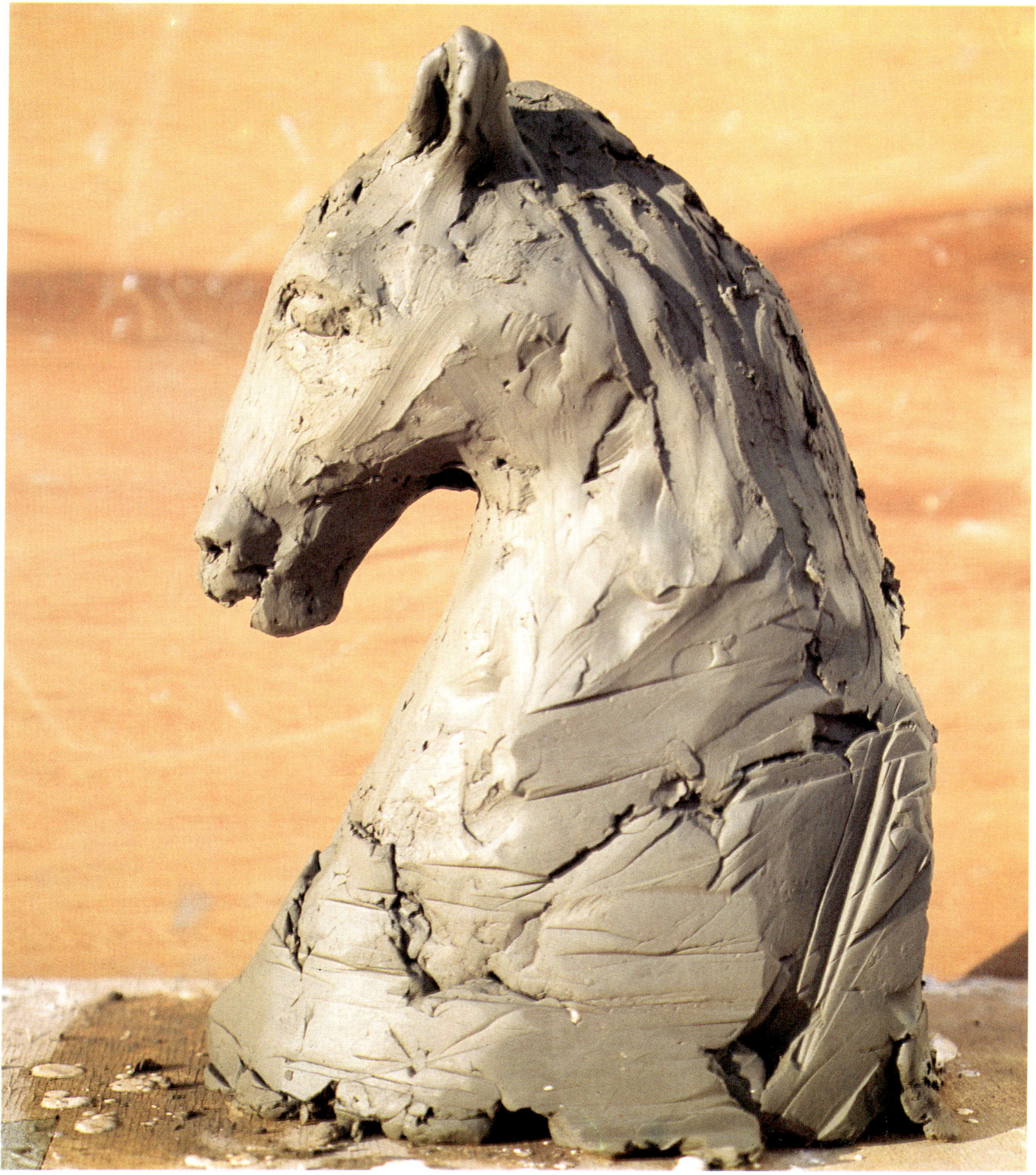

IDÉE 12 :
le crocodile

Voici un autre animal : le crocodile, sorti tout droit de l'imagination d'un jeune artiste dont c'est la seconde réalisation après deux mois de modelage.

Ce qui est intéressant ici, c'est qu'il n'a pas cherché à établir une parfaite ressemblance avec l'animal tel que nous le connaissons. Alliant une vision qui lui est propre, peu conventionnelle, à une construction rigoureuse mais simple, il a su donner vie et puissance à son sujet. Après avoir positionné les masses principales du corps, équilibré les pattes et conçu la tête de l'animal, il a modelé les éléments dans leur ensemble, soucieux d'éviter trop de détails.

Le sujet couché ainsi sur la planche est très facile à mouler, une seule pièce de plâtre suffisant pour prendre l'empreinte. Il faut ensuite décoller le moule de la planche, le retourner et ôter la terre à laquelle, d'ailleurs, on accède très facilement.

Travail d'atelier.
Plâtre patiné. 50 cm

Le modelage direct

LA CIRE

Dans la technique du modelage, on peut aussi utiliser la cire. Fabriquée à partir de cire d'abeille, on lui ajoute divers composants (tels que saindoux, térébenthine, etc.), afin de lui donner toute sa malléabilité. A l'achat, elle est généralement blanche ou brune, mais on peut lui ajouter des pigments pour la colorer, en la faisant fondre. Les spécialistes qui vendent ces produits vous donneront d'utiles conseils et guideront votre choix.

Personnage en cire, dont on fera un tirage en bronze.

Cette cire a un aspect très dur et résistant. Il est donc nécessaire de la faire fondre au bain-marie, pour pouvoir la modeler quand elle est en cours de refroidissement.

On malaxe alors des boulettes de cire du bout des doigts et dans la paume de la main. Elle est ainsi prête à être modelée, avec ou sans armature.

On travaille la surface définitive en chauffant la lame d'un couteau ou d'un instrument métallique, à la flamme d'une bougie.

Cette technique s'utilise pour des sujets de petites dimensions. Comme la cire est un matériau relativement fragile et se détériorant assez facilement, elle est généralement destinée à être remplacée par un matériau plus durable, tel que le bronze.

Cette méthode est parfaitement adaptée pour les artistes en orfèvrerie, les créateurs de bijoux, qui peuvent ainsi réaliser des petits travaux fins et délicats (tels que bracelets, broches, bagues, figurines, miniatures, etc.).

La cire sert beaucoup dans la technique de la fonte à la cire perdue. On réalise une épreuve en cire après moulage ; celle-ci sera remplacée au cours de la fonte par le métal en fusion.

PLÂTRE DIRECT

*Les armatures pour le modelage direct doivent être le plus justes possible, car elles sont définitives et font partie de la sculpture. Il faut les badigeonner d'un vernis, car elles risqueraient de rouiller au contact du plâtre humide.
L'armature comprend ici un bout de grillage pour la cage thoracique de l'enfant couché sur le ventre, et un morceau de polystyrène pour la tête.*

Cette technique se différencie des précédentes, dans la mesure où elle ne nécessite pas de passer par le moulage pour obtenir une œuvre définitive. On agit directement en apportant sur l'armature, un matériau dur, comme le plâtre, le ciment ou la résine, etc.

Avant d'établir la charpente qui recevra le plâtre direct, je vous conseille de faire un calcul précis et rigoureux de vos mesures. D'où la nécessité de tracer, sur le papier, quelques lignes de direction et les plans principaux. Cela facilitera votre travail au cours de son évolution.

La structure métallique pourra être allégée au maximum, en l'habillant d'un grillage fin sur lequel s'accrochera le plâtre. L'intérieur peut rester vide.

Vérifiez le bon ajustement de temps à autre. Une armature très volumineuse n'aura besoin que d'un fin revêtement de plâtre. De toute façon, au fur et à mesure que vous avancerez dans votre travail, le plâtre consolidera l'ensemble de la réalisation. Il est nécessaire de passer un vernis sur l'armature afin d'éviter que la rouille ne vienne jusqu'à la surface du plâtre créant de vilaines taches sombres. Un produit anticorrosif quelconque fera très bien l'affaire.

On dépose le plâtre au couteau ou à la spatule à même l'armature, par couches successives. Procédez par étape, utilisez peu de plâtre à la fois, pour éviter le gaspillage. Peu dans la bassine... et peu dans la main.

En effet, le plâtre s'utilise quand il est frais et en cours de prise. Dur, il ne peut plus être malléable. Le plâtre dur s'enlève très difficilement, il faut le casser ou le râper ; donc ne modelez pas trop vite.

Pour positionner le plâtre, vous pouvez tremper des morceaux de tissu, des bandages, de la filasse, tout ce qui peut servir de renforts au plâtre. Du papier journal épais fera très bien l'affaire. Vous apprendrez très vite à connaître ce matériau qui permet plusieurs utilisations.

Le plâtre frais se travaille toujours sur un plâtre humide ou réhumidifié (avec votre vaporisateur). En effet, une sous-couche sèche absorberait trop vite l'eau du plâtre frais. Et s'ensuivraient des craquelures ou des fissures, très visibles et donc peu esthétiques, à la surface du plâtre. Cela rend aussi le matériau plus fragile.

Après avoir préparé une petite quantité de plâtre, on y trempe des morceaux de papier journal, de filasse, qu'on positionne ensuite sur l'armature, en recherchant la forme, qui naît peu à peu.

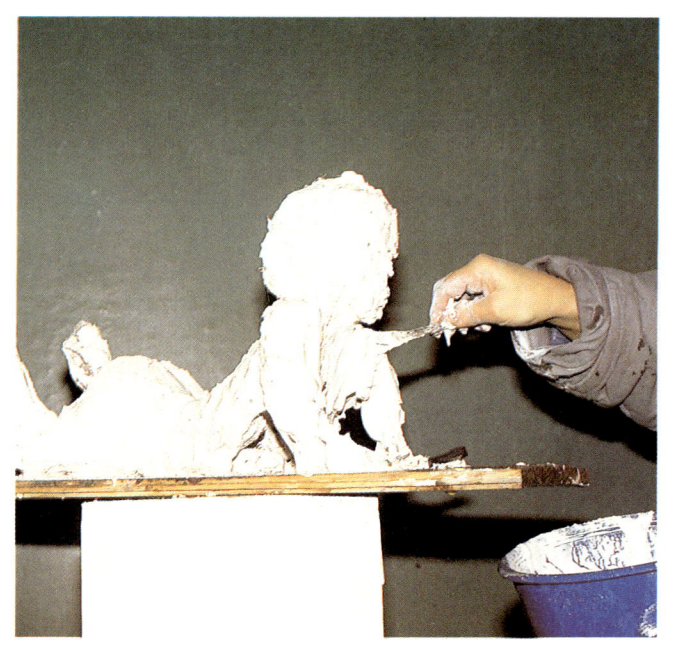

*La dernière couche de plâtre est posée à la spatule et les finitions faites au grattoir, à la râpe.
Vaporisez d'eau le plâtre quand il est sec.*

Pour que les couches de plâtre adhèrent fortement entre elles et accrochent, éviter de travailler en lissant. En touche finale, par contre, vous aurez tout loisir de gratter, poncer, râper la surface et lui donner l'aspect désiré.

Ciment et résine se travaillent de la même façon, en modelage direct, mais attendez d'avoir une expérience un peu plus poussée en ce domaine.

Une sculpture en plâtre destinée à être exposée à l'extérieur devra être protégée des intempéries. L'humidité aura tendance à pourrir le plâtre. Dans ce cas, il est conseillé d'enduire toute la surface de la sculpture d'un enduit protecteur invisible ; vous pouvez utiliser celui dont on se sert dans le traitement et l'isolation des murs extérieurs des maisons.

Pour en connaître plus long sur l'utilisation du plâtre, je vous invite à vous référer au chapitre sur le moulage.

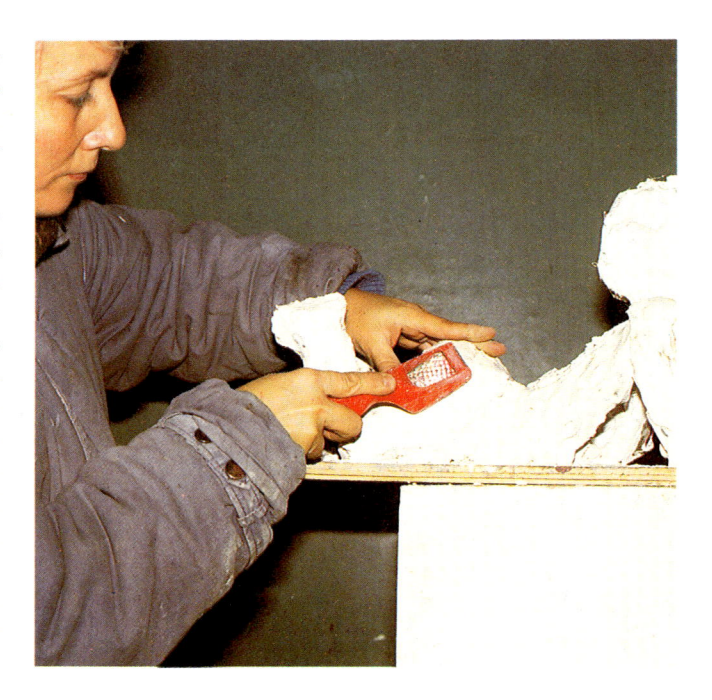

Approche du moulage

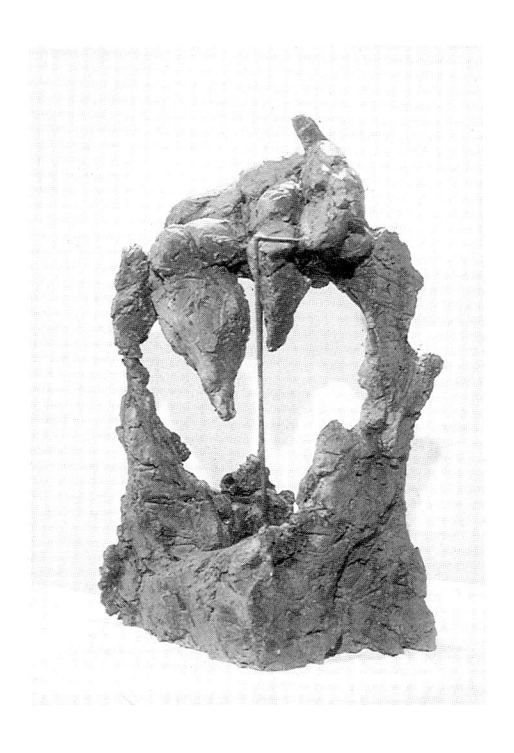

Le puits.
*Résine époxy,
chargée de fonte et de cuivre.*
90×50×50 cm

Page ci-contre :
Femme au mur.
Béton. 30 cm

La technique du moulage consiste à prendre l'empreinte d'une œuvre en matériau mou (comme la terre), ou dur (comme la pierre, la terre cuite, le béton, etc.), et d'y couler un matériau liquide (comme le plâtre, la résine, le bronze en fusion, etc.), qui durcit et permet au sujet d'avoir un aspect durable et définitif.

Ce système permet de reproduire n'importe quelle œuvre, d'en obtenir un tirage original, avec les mêmes formes et les mêmes dimensions.

Pour prendre l'empreinte, il faut construire un moule en plâtre d'une ou plusieurs pièces, qui épouse toutes les formes du sujet.

Ses avantages sont multiples : il se manipule très facilement, il est peu coûteux et de bonne qualité. Il suffit simplement, quel que soit le procédé choisi, de suivre attentivement l'ordre chronologiques des différentes opérations. Pour illustrer cet exercice, nous reprendrons la figurine vue auparavant : le personnage debout.

Certains procédés sont simples, d'autres plus complexes. Le débutant devra donc suivre attentivement la progression et la succession des étapes, en essayant de bien retenir les principes essentiels à la bonne marche de son travail.

L'épreuve de moulage est une sorte de « rituel », partie indissociable d'un « tout » et ultime étape qui permet de conduire votre œuvre jusqu'à son aboutissement. Grâce au moulage, vous participerez à une seconde naissance de vos travaux, vous révélant ainsi les mille plaisirs de cette découverte.

Quand vous aurez acquis une certaine habitude de cette technique, en y développant toute votre habileté, vous pourrez être certain désormais d'avoir la possibilité de conserver tous vos modelages.

N'oubliez jamais que c'est toute l'énergie, toute la volonté que vous mettez dans votre travail, qui permettent à chacune de vos réalisations d'être le tremplin, la pierre pour l'œuvre prochaine que vous ne connaissez pas encore, mais dont l'idée est quelque part en vous et fera doucement ce long cheminement qu'il n'appartient qu'à vous de concrétiser en le mettant à jour, et ce, quelle que soit, je le répète, la forme d'expression que vous aurez choisie.

71

Pour mouler la petite figurine en terre (voir page 53), on commence par délimiter les deux parties du moule en positionnant des morceaux de clinquant sur le plan de coupe.

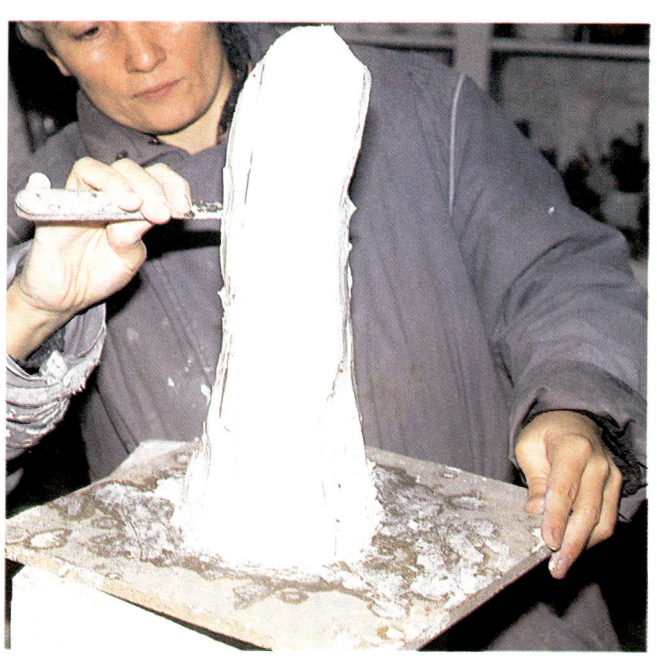

On projette le plâtre à la main de chaque côté. L'épaisseur de plâtre doit être la même à peu près partout (environ 2 cm).
On place ensuite des armatures, qui épousent la forme des pièces et les consolident.

On gratte au couteau tout le long de la couture. Celle-ci doit rester apparente.

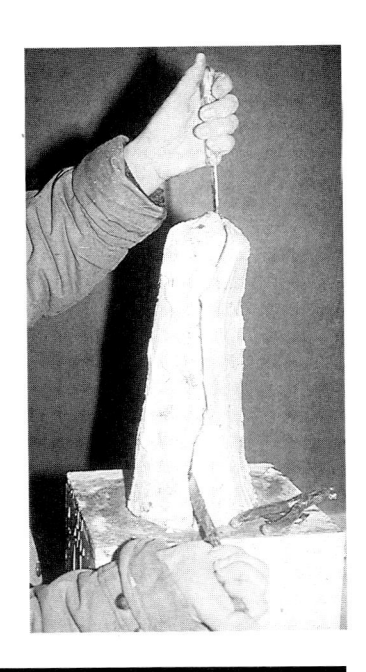

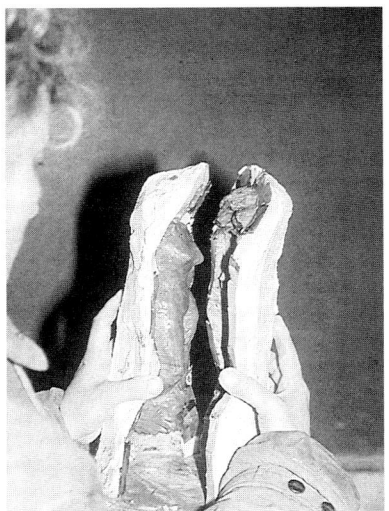

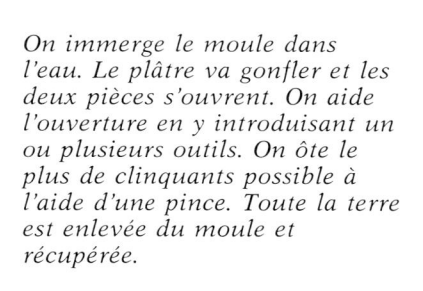

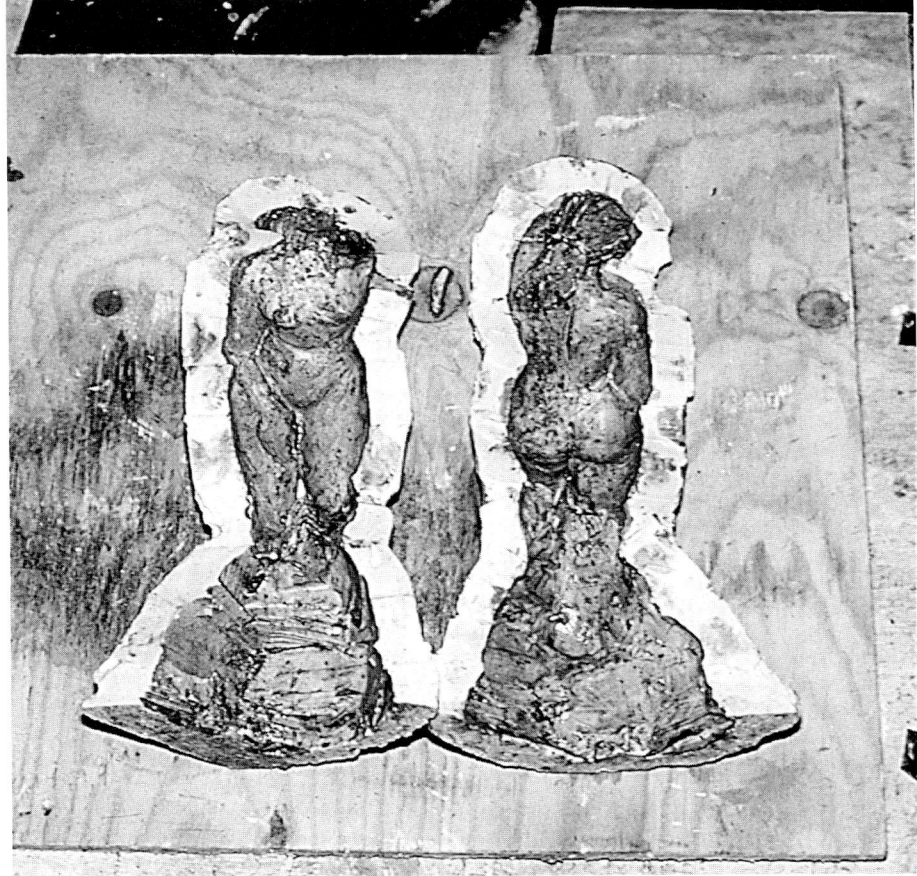

On immerge le moule dans l'eau. Le plâtre va gonfler et les deux pièces s'ouvrent. On aide l'ouverture en y introduisant un ou plusieurs outils. On ôte le plus de clinquants possible à l'aide d'une pince. Toute la terre est enlevée du moule et récupérée.

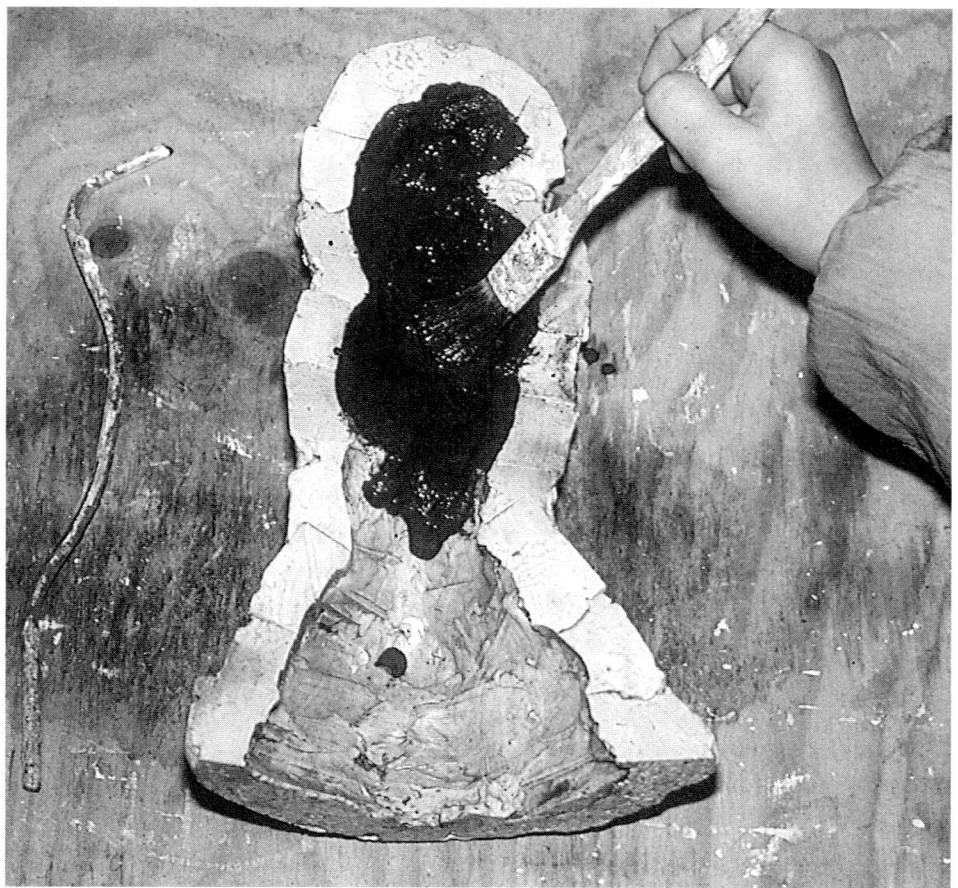

*Les deux pièces du moule, complètement évidées, sont rincées à l'eau.
On passe ensuite un agent démoulant. Lorsque celui-ci est sec, on coule le matériau choisi pour le tirage. Ici, du ciment noir.*

76

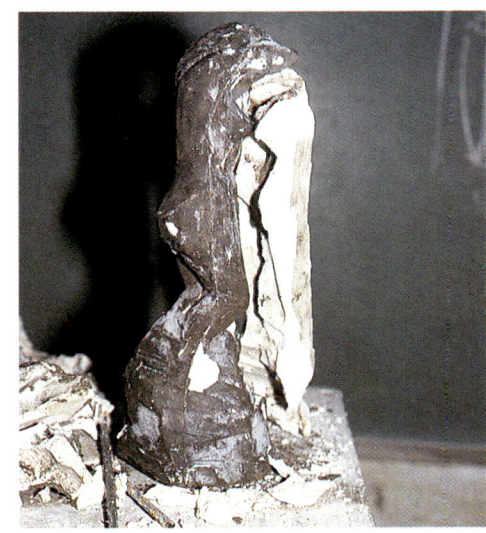

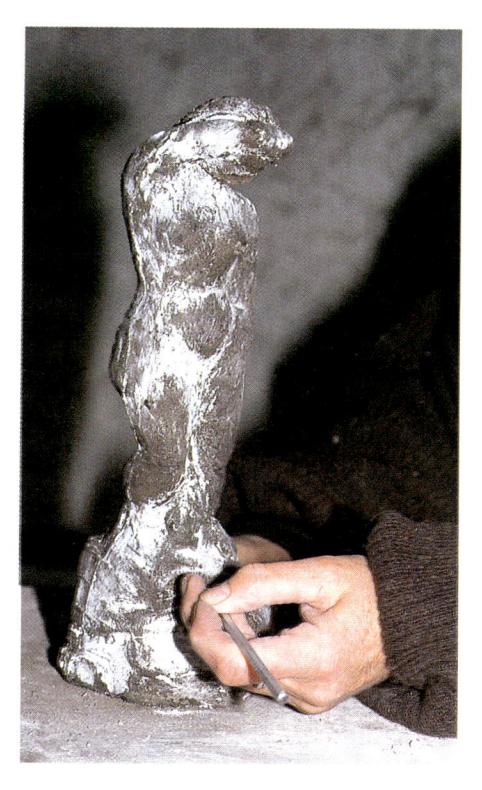

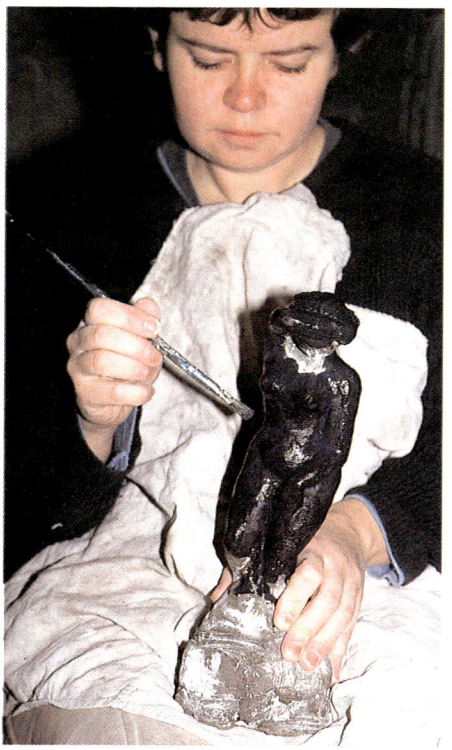

Si besoin est, on aura renforcé le ciment en y enfonçant une armature. Ici, deux bouts de fer à béton. L'armature restera donc dans la sculpture.
On attend la prise complète du ciment, puis on « démoule », c'est-à-dire que l'on casse le moule en plâtre, de haut en bas. La pièce est dégagée peu à peu.
On gratte les restes de plâtre restés dans les interstices.
Après avoir nettoyé la sculpture, on recherche la meilleure patine.

Lexique

Agent démoulant : produit d'origines diverses, que l'on applique dans les moules en creux pour faciliter le démoulage d'une épreuve.

Aggloméré : planche ou panneau composés de fibres et de particules de bois.

Armature : charpente métallique ou en bois qui soutient le modelage ; ce sont aussi des fers inclus dans le plâtre pour renforcer le moule.

Barbotine : mélange de terre et d'eau très fluide, utilisé comme colle pour réparer des morceaux de terre brisée. La barbotine de savon est un mélange très liquide d'eau et de savon, auquel on ajoute quelquefois de l'huile, pour isoler un moule en plâtre : c'est donc un agent démoulant.

Cale en sifflet : pièce de bois coupée en oblique, placée contre ou sous un objet pour le mettre d'aplomb.

Cavalier : clou à deux pointes en forme de U.

Chamotte : argile cuite concassée, que l'on mélange à une terre crue pour renforcer la solidité au feu de celle-ci.

Cire perdue : procédé de fonte d'un modèle dans lequel la cire est remplacée par un autre matériau tel que résine, bronze...

Clinquant : petite lamelle en métal souple positionnée sur le pourtour d'une terre crue, délimitant ainsi les pièces du moule.

Contre-plaqué : planche dont le bois est assemblé et collé en fines lamelles de fibres opposées.

Coupe-boulon : grande cisaille utilisée pour couper de très gros fers.

Démouler : cette opération consiste à casser un moule à creux perdu, ou ouvrir un moule à bon creux, pour en extraire l'épreuve réalisée.

Ébauchoir : outil en bois ou en métal de formes diverses pour modeler la terre, la cire, le plâtre.

Étau : outil dont les deux mâchoires maintiennent fermement un objet sur lequel on doit travailler.

Évent : petite cheminée dans un moule pour permettre à l'air de s'échapper.

Filasse : amas de filaments végétaux utilisés pour renforcer la consistance du plâtre.

Gypse : roche sédimentaire qui rentre dans la composition du plâtre.

Masse : volume d'ensemble d'un corps, d'un relief.
C'est aussi un outil en bois ou en métal que l'on utilise comme un gros marteau pour tailler, frapper ou casser.

Mirette : outil en bois surmonté d'un anneau en fer aux formes multiples, utilisé pour ôter le surplus de terre ou de plâtre.

Femme.
Bronze.
15 cm

Négatif : c'est, ici, l'empreinte en creux d'un modèle, dont on a fait le moulage. Pour avoir le positif, il faut couler un matériau à l'intérieur, puis casser, ou ouvrir ce négatif.

Pigment : substance d'origine naturelle, solide, réduite en poudre, que l'on ajoute à une masse qui, au départ, est fluide.

Plan de joint - plan de coupe : c'est le côté latéral des pièces de plâtre séparant le moule. C'est une ligne qui délimite les différentes parties de ce moule.

Plastiline : pâte molle utilisée pour être modelée.

Polystyrène : mousse solidifiée, très légère, à base de résine thermoplastique.

Positif : épreuve finale que l'on extrait du moule.

Potence : barre de fer carrée formant un coude, solidaire d'une planche, à laquelle on accroche l'armature d'un travail à modeler, permettant ainsi d'en assurer sa stabilité.

Résine époxy : résine liquide transformée en solide grâce à un durcisseur. On peut y ajouter des ingrédients tels que colorants, poudres de métal...

Résine polyester : résine thermodurcissable grâce à un catalyseur et éventuellement un accélérateur.

Ronde-bosse : se dit d'une sculpture qui peut être travaillée dans son ensemble sous tous les côtés, et au moins trois.

Sellette : escabeau surmonté d'une planche tournante, sur laquelle repose le modelage ou la sculpture que l'on est en train d'exécuter.

Spatule : outil en métal aplati, qu'on utilise pour lisser le plâtre, ou modeler la terre.

Staff : mélange plastique à base de plâtre.

Stuc : mélange plastique à base de chaux et de plâtre utilisé dans le modelage et le moulage.

Tasseau : petit morceau de bois de section carrée ou rectangulaire, aux utilisations diverses (support, soutien...).

Tirage : dans le moulage, c'est le nombre d'œuvres obtenues à partir d'un même modèle. Tirage unique : une seule épreuve est sortie. Tirage multiple : on tire plusieurs épreuves.